Baden bei Wien

Stadtgeheimnisse – Geschichten hinter der Geschichte

GABRIELE
HASMANN

STADTGEHEIMNISSE

Baden bei Wien

GESCHICHTEN
HINTER DER
GESCHICHTE

KRAL
VERLAG

J. F. Kennedyplatz 2, 2560 Berndorf, Tel.: 0660 – 435 76 04
E-mail: office@kral-verlag.at, www.kral-verlag.at

Für den Inhalt verantwortlich: Gabriele Hasmann
Lektorat: Trude Helnwein, Anne Mrasek
Titelbild: Postkarte *„Gruss aus Baden"* aus 1904
Bilder im Innenteil: © Rollettmuseum Baden, Städtische Sammlungen
Seite 198: Privatsammlung der Familie Rosen

Umschlag und Buchgestaltung: Tina Gerstenmayer,
D&K Publishing Service, Wien
Schrift: Palatino Linotype, Vivaldi
Erschienen in Berndorf im Oktober 2016
ISBN 978-3-99024-469-2
Erste Auflage / Gedruckt in der EU

Baden – ein kleines Wien in Aquarell!

Moritz Gottlieb Saphir,
Schriftsteller auf Sommerfrische in Baden, 1795–1858
(„Presse“, Ausgabe vom 21. Juli 1872)

Einen Ort, wie dieses Städtchen, so geeignet zu lustigen Abenteuern, ungezwungener Unterhaltung und treffliche Pflege der Gesundheit hat selbst Paris nicht in solcher Nähe.

Verfasser unbekannt
(„Wiener Zeitschrift“, Ausgabe vom 24. Dezember 1832)

Der Anstalten für Bequemlichkeiten und Lebensgenuss gibt es mannigfaltig, so dass Baden von jeher einer der beliebtesten Sommeraufenthalte der Wiener war. Die Eleganz der Versammlungen muss den Fremden glauben machen, er sey in der Residenz selbst.

Adalbert Müller,
deutscher Schriftsteller und Landeskundler, 1802–1879
(„Die Donau – vom Ursprunge bis zu den Mündungen“)

Nur sporadisch erwachte Baden aus seinem Schlummer, um gleich wieder einzunicken; nur selten hat die Weltgeschichte einen ihrer Donnerkeile hieher dirigirt [...] Seitdem schläft Baden beständig in ungeschichtlicher Vergessenheit und die Träume seines Schlafes werden von Spaziergängern, von Dichtern und Schriftstellern geträumt.

Hieronymus Lorm,
gesellschaftskritischer Schreiber, 1821–1902
(„Die Presse“, Ausgabe vom 21. Juli 1872)

Baden, dieser von Gesunden, wie Kranken so stark und gern besuchte Curplatz, ist eine merkwürdige Vereinigung von Stadt und Land, von modischer Vornehmheit und ländlicher Einfachheit.

Verfasser unbekannt
(„Badener Bezirksblatt“, Ausgabe vom 14. Juni 1887)

Es raunte und rauchte von Phantasie und Geist im alten Baden. Die großen, reinen Geister [...] entzündeten an der Seele und dem Herzschlag der Badener Landschaft ihr Feuer oder ihr Fünkchen an Genialität.

Verfasser unbekannt
(„Wiener Zeitung“, Ausgabe vom 29. August 1914)

Freude an der Arbeit lässt das Werk trefflich geraten.

Aristoteles

Inhaltsverzeichnis

Vorwort

Für mich gibt es während der Arbeit an einem Buch immer irgendwann DEN entscheidenden Moment, an dem ich genau weiß, wovon ich dabei – außer an dem Werk selbst – profitiere. Es kann sich um tolle Menschen handeln, welchen ich im Zuge meiner Recherche begegne, um aufregende Orte, die ich entdecke, oder um verschiedene Erfahrungen, die ich mache und durch die sich mein Horizont erweitert.

Bei diesem Werk, das Sie gerade in Händen halten, kam dieser Augenblick verhältnismäßig rasch. Die Erkenntnis erwischte mich im Auto meiner Mutter, in dem ich mich als Beifahrerin auf dem Weg aus der Innenstadt Richtung heimwärts befand. Ich sagte: „Wusstest du, dass in diesem Haus …" und deutete auf das entsprechende Gebäude, „… Moritz von Saphir verstorben ist? Nein? Siehst du, ich vorher auch nicht!" Und das vorher bedeutete: vor Beginn der Arbeit an diesem Buch.

Seit diesem Tag nerve ich Kollegen, Verwandte und Freunde ständig mit derlei Fragen, die alle begannen mit: „Wusstest du, …"

Ich bin sicher, dass auch Sie, lieber Leser, diese Worte schon bald recht häufig an Ihre Mitmenschen richten werden. Spätestens dann, wenn Sie eingetaucht sind in die von mir zu Papier gebrachte Atmosphäre dieser Stadt und sich in die Geschichten hinter der Geschichte vertieft haben.

Es erwarten Sie neben einigen bekannten Anekdoten zahlreiche bisher geheime Histörchen und längst vergessene Ereignisse, Sie lernen Baden von einer anderen, einer sehr interessanten, amüsanten und vielleicht sogar überraschenden Seite kennen – so wie ich, als ich dieses Buch zu schreiben begann. Und Sie werden Dinge erfahren, die weit über die üblichen Kenntnisse, die man über seinen Wohnort besitzt oder sich als Gast der Region aneignet, hinausreichen.

Zuletzt bitte ich alle „Profis", mir kleine historische Ungenauigkeiten und Unschärfen zu vergeben – dieses Werk dient in erster Linie der Unterhaltung, der Inhalt muss also vor keiner geschichtlichen Prüfungskommission bestehen. Dennoch habe ich mich stets an die von mir recherchierten Fakten gehalten und diese untermauert mit originalen Zeitungsberichten, Aussagen von Zeitzeugen, in mündlicher und schriftlicher Form, sowie wissenschaftlichen Abhandlungen. Da aber auch Quellen hin und wieder voneinander abweichende Auskünfte erteilen, musste ich mich in solchen Fällen für eine der Behauptungen entscheiden und hoffe, stets die richtige Wahl getroffen zu haben.

Zuletzt hat auch noch „Stadthistoriker" Prof. Dr. Rudolf Maurer für die Richtigkeit der Angaben im Text gesorgt.

Nun wünsche ich mir und Ihnen, dass Sie Badens Liebreiz, Anmut und Tiefgründigkeit nach dem Lesen dieser Lektüre nicht nur in den augenscheinlichen Highlights, sondern auch in den Details erkennen und meine Heimatstadt in Ihr Herz schließen – so wie ich, die diesem traumhaften Fleckchen Erde seit fast 50 Jahren treu ergeben ist.

Herzlichst,
Ihre Gabriele Hasmann
www.wunschtext.at

Der Kurpark zu Zeiten Kaiser Franz II./I.,
als dort sonntags der Wiener Adel promenierte

Einleitende Worte

Beginnen möchte ich zur Einstimmung mit ein paar Impressionen aus dem Baden, wie es vom Ende des 18. bis zum Beginn des 20. Jahrhunderts unter anderem Mozart, Nestroy oder Kaiserin Sisi erlebten:

Zu jener Zeit kamen jedes Jahr im Frühling viele Besucher, vorwiegend aus Wien, in die Kurstadt – sie blieben ein paar Stunden, Tage, Wochen oder zur Sommerfrische mehrere Monate lang. Die bessere Gesellschaft reiste samt umfangreichem *Hausrath* nicht mit dem Zug an, sondern mit der Kutsche. Die Fahrt auf holprigen Straßen durch die größtenteils noch unverbaute Landschaft dauerte damals rund fünf Stunden. Halt gemacht wurde zwischendurch in Neudorf am Wienerberg, bei einer *classischen Würstelstation*.

Vor allem die Kurzurlauber erwiesen Baden allerdings nicht unbedingt wegen der warmen Quellen mit Kurqualität die Ehre, sondern folgten einem Modetrend: Wer etwas auf sich hielt, traf sich zum noblen Plausch mit seinesgleichen im Stadtpark, um tags darauf in der Großstadt den Daheimgebliebenen den neuesten Promiklatsch aus der Idylle am Land erzählen zu können. Vor allem am Sonntag nach der „galanten Messe" um 11 Uhr tummelten sich dort *viele Hunderte von schwitzenden, bestaubten Wienern in voller Parade. Die Leute grüßten sich, wie erfreut, sich nach so langer Zeit hier wiederzusehen, in Baden, wie nach Jahren zufällig in Amerika*. Carl Friedrich Zelter, ein Freund Goethes, merkte an: „*Was an schönen Weibern in Wien ist, stellt sich dort* (im Kurpark) *nach elf Uhr ein, aufs anmutigste herausgeputzt und gestutzt, daß man lauter Augen sein möchte.*" Nach dem

Kaiser Karl I. von Österreich-Ungarn
mit Gattin Zita und Kindern am Badener Bahnhof

Schwatz im Grünen ging es weiter zum Kaffee in die Stadtmitte, wo man weiter plauderte, Preferance spielte und dampfend Tabak rauchte. Später begaben sich die Herrschaften aus Wien ins Theater (vor dem Bau der großen Bühne ab 1716 zeigten wandernde Schauspielergruppen in Baden ihre Stücke), um auch der Kultur Genüge zu tun. Gegen sechs Uhr abends fuhren die Gäste wieder nach Hause oder zogen sich in ihr Übernachtungsquartier zurück.

Neben Kurpark und Innenstadt stellte einen weiteren gesellschaftlichen Hotspot der Bahnhof dar, wo sich allerdings in erster Linie die Einheimischen vergesellschafteten. Sie saßen vor dem Gebäude, tranken Kaffee und unterhielten sich, bis ein Zug in der Station einfuhr – dann liefen sie zum Bahnsteig, um von den Ankommenden die neuesten Informationen aus der großen weiten Welt außerhalb der Kurstadt zu erhalten oder brisante Gerüchte über den Wiener Adel zu erfahren.

Aber nicht nur die Gäste, sondern auch die Kurlisten lasen sich damals wie das Who is Who von Österreich – neben zahlreichen Künstlern hielten sich jedes Jahr „ihre Majestäten" und zahlreiche weitere Adelige oder Personen mit Rang und Namen mit Hoffnung auf Heilung und Genesung in der Stadt auf.

Es gab Konzerte, literarische Veranstaltungen, Lustspiele und andere Vorführungen, außerdem Pferderennen sowie organisierte Ausflüge in die Umgebung, über die in Baden laut der Besucher *die Natur das Füllhorn ihrer Gaben mit freygebiger Hand ausgegossen hat.*

Wie bereits erwähnt, hat Baden auch besonders viele Kreative und Freigeister angelockt. Es heißt: Was ihre Träume, geträumt auf Spaziergängen durch die Stadt und in die Natur ringsherum, enthielten, *das ist viel öfter, als man historisch nachweisen könnte, in Gestalt von Kunstwerken in die Welt gegangen.*

Einen ganz besonderen Platz nimmt Baden in der Musikgeschichte ein, wie der Schriftsteller und Lokalhistoriker Paul Tausig im Jahr 1910 poetisch in einem Zeitungs-Feuilleton formulierte: *Das Zauberstädtlein Baden, dieses „kleine Wien in Aquarell"*, wie es von Saphir so hübsch genannt wurde, *das Oertchen, wo zwar nicht Milch und Honig fließen, wohl aber goldener Badnerberger (= Wein) für die Gesunden und Radiumsprudel für die Kranken, es hat auch seinen Ehrenplatz im Buche der Musikgeschichte. An diesem anmutigen Kontrapunkte der Wienerwald-Symphonie hat Frau Musika gern und oft reiche Anregung geschöpft aus Flur und Tal, am harmonischen Wellengeplauder gelauscht und aus flüsternden Baumkronen Akkorde geholt, Lindenduft und Bienensummen zu Tönen verwebt oder mit dem goldenen Fünfzeilenstab Waldraunen und Höhenrauschen festgehalten.*

Am 15. Juli 1914 schrieb er: *Zur Zeit Mozarts fühlte man sich in Baden, trotz seines schon dreihundertjährigen Anrechts auf den Titel einer Stadt, im wahrsten Sinne auf dem Land. In einer gemächlichen halben Stunde konnte man um die Mauern mit ihren Rondellen und Gräben spazieren, Sänften und Tragstühle gehörten zum Ortsbild und die schindelbedachten Badehäuser ragten über die anderen Gebäude und Gärten schon von weitem kenntlich hervor. So zeigt sich das idyllisch zwischen Tal und Ebene hingelagerte Gemeinwesen auf den Stichen der theresianischen und josefinischen Aera.*

Zu jener Zeit hat Baden als Heilquellenstadt einen Höhepunkt in ihrer Entwicklung erreicht – aus dem alten „Aquae" (lat. für „Gewässer", „Bäder") war ein kosmopolitischer Weltkurort mit Gästen aus allen Teilen der Erde entstanden.

(Quellen: „Wiener Zeitschrift" vom 22. Mai 1827, Hieronymus Lorm in „Die Presse" vom 21. Juli 1872, Julius Kliment im „Badener Bezirksblatt" vom 25. Juli 1893, „Fremdenblatt" vom 28. Juni 1896, „Badener Zeitung" vom 25. Juni 1910, „Badener Zeitung" vom 25. Februar und vom 15. Juli 1914)

Von der Vergangenheit bis zur Gegenwart

Die erste Besiedlung der etwa 25 Kilometer südlich von Wien liegenden Kaiser- und Biedermeierstadt Baden, Heimat der schönen Künste und aufgrund der schwefelhaltigen Heilquellen bekannter Kurort, lässt sich bis in die Jungsteinzeit zurückverfolgen. Die Bewohner lebten damals auf den Hängen der Thermenalpen und den Aufschotterungen der Schwechat im heutigen Süden und Westen der Stadt.

Die wohltuende und schmerzlindernde Wirkung des Badener Wassers dürften erstmals die Menschen der Jungsteinzeit entdeckt und auch genutzt haben – davon berichteten jedenfalls die Römer, die sich etwa von 50 bis ins 4. Jahrhundert n. Chr. in „Aquae" (dieser Name ist auf einer Straßenkarte, die um 300 n. Chr. entstand, verzeichnet) niederließen. Die Soldaten der X., XIV. und XV. Legion legten hier neben einer Zivilstadt und Heilbädern auch Weinberge für ihre großen Garnisonen in Carnuntum und Vindobona an.

Die Siedlung Aquae erstreckte sich zwischen den Hauptquellen im Kurpark (ein Bad stand etwa an der Stelle, an der sich heute das Kasino-Restaurant befindet) und am Josefsplatz (Frauenbad).

Im Jahr 869 taucht der deutsche Name „Padun" in einer Urkunde auf. Mitte des 12. Jahrhunderts siedelten sich die „Herren von Baden" an (vermutlich Adelige eines Rittergeschlechts, die von den vom 10. bis zum 13. Jahrhundert ansässigen Babenbergern zur Verwaltung ihrer Besitzungen eingesetzt wurden), die in einer Burg in der einstigen Stadtmitte lebten – auf dem Areal, auf dem sich gegenwärtig Pfarrschule und Theater befinden. Das dazugehörige Gelände zog sich über die Theresiengasse bis weit in die Renngasse hinein und umfasste somit einen großen Teil der mittelalterlichen Stadt, unter anderem auch den Herzoghof (erbaut um 1250), damals wohl eine Art Amts- und Jagdschlösschen sowie Herrensitz. Die Landesfürsten waren zu jener Zeit Lehensherren einiger Wehranlagen in der Region, beispielsweise der Burgen Rauheneck und Rauhenstein.

Im Jahr 1341 erteilte der Habsburger Herzog Albrecht II. Baden die Erlaubnis, einen Jahrmarkt abzuhalten, womit die Stadt auch ohne formelle Verleihung eines Marktrechts zum Markt wurde. Aufgrund von nicht weniger als elf ansässigen Bruderschaften und Zünften war nachweisbar, dass der Ort bereits ein hohes Maß an sozialer Organisation erreicht hatte.

Ab 1420 versuchten die Habsburger, die Residenzachse Wien–Wr. Neustadt komplett in ihren Besitz zu bekommen und kaufen im selben Jahr die Herrschaft Baden. Weitere Aneignungen folgten.

1480 erhielt die Stadt von Kaiser Friedrich III., der im Schloss Leesdorf residierte, das Stadtrecht und *[…] ain Wappen unndt Clainoth, mit Namen Unnsern Schild New-Österreich, unnd darin ain Figur aines Wildt-Path mit Figuren zweyer Nackheten Menschen, Mann: unndt Frawen Pildt, […]* verliehen. Mit den damit verbundenen Einnahmen konnten Befestigungen zum Schutz vor den Ungarn errichtet werden.

In den Jahren 1529 und 1683 fielen die Türken in Baden ein, welche die Stadt stark verwüsteten. 1349, 1562, 1613, 1644, 1679, 1691 und 1713 wütete die Pest, 1714 und 1812 zwei große Brände.

Auch die Burg Baden war 1529 von den Türken zerstört worden, woraufhin die Habsburger die Ruine der Stadt schenkten, die das „öde Schloss" fast gänzlich abtragen ließ und das Material für die Reparatur der Stadtmauer verwendete. Wie auch andere Weinorte in der Umgebung erlebte Baden in der zweiten Hälfte des 16. Jahrhunderts eine erste große Blütezeit, was die eleganten Renaissance-Innenhöfe im Bereich Hauptplatz und Frauengasse erkennen lassen.

Es folgten politische Unruhen und Krisen, was Kaiser Ferdinand II. im Jahr 1629 dazu veranlasste, der Stadt ein großzügiges Handelsprivileg (Mautfreiheit in den Erblanden) zu erteilen, damit ein wirtschaftlicher Zusammenbruch verhindert werden konnte.

Nach der Zweiten Türkenbelagerung muss ein rascher Wiederaufbau der zerstörten Gebäude erfolgt sein, da in den späten 1690er-Jahren Kaiser Leopold I. in Baden weilte und auch hohen Besuch in der Stadt unterbrachte.

Im zweiten Drittel des 18. Jahrhunderts hatte sich die Region endlich zur Gänze von diversen Rückschlägen erholt, was zu einer raschen Weiterentwicklung führte. Der erste deutlich erkennbare Trend in diese Richtung ist eine Privatisierungswelle ab Mitte des 18. Jahrhunderts.

Im ersten Viertel des 19. Jahrhunderts erfolgte eine große Aufbauphase, die das Stadtbild nachhaltig klassizistisch prägte – die bekanntesten Architekten dieser Zeit waren Joseph Kornhäusel, Charles Moreau und Johann Nepomuk Amann. Zu dieser Zeit erlebte Baden eine weitere Glanzzeit. Von 1803 bis 1835 hielt sich Kaiser Franz II./I. fast jeden Sommer in der Stadt auf, ab 1813 in seinem eigenen Reich am Hauptplatz, dem jetzigen Kaiserhaus.

Dem Herrscher folgten der gesamte Hof, die feine Gesellschaft und die Geldaristokratie nach, und mit ihnen kam auch die Kunstwelt. Ludwig van Beethoven schuf in Baden unter anderem die IX. Symphonie und die „Missa solemnis", Wolfgang Amadeus Mozart komponierte im Zuge eines Besuchs seiner in der Stadt kurenden Frau Konstanze das „Ave verum", Joseph Lanner und Johann Strauß gaben Konzerte vor noblem Publikum und Franz Grillparzer ersann auf seiner Lieblingsbank im Kurpark die ersten Ideen für seine Trilogie „Das Goldene Vlies" – es gibt fast keinen Namen der Kunst-, Musik- und Literaturgeschichte, dessen Träger damals mit Baden nicht in irgendeiner Verbindung gestanden hätte.

Mit dem Tode von Kaiser Franz II./I. endete diese prunkvolle Aera, in der Adelige durch die Straßen flanierten und bekannte Künstler sich von der Atmosphäre der Stadt inspirieren ließen.

Einem neuen hektischen Lebensgefühl folgend – ab dem Jahr 1842 benötigte die Bahn nur noch eine Stunde von Wien nach Baden –, begann sich das schwerreiche Großbürgertum immer stärker für die kleine Stadt im Süden der Metropole zu interessieren. Die Auszeichnung „Weltkurort" schien mit einem Mal kein unerreichbares Ziel mehr zu sein. Arthur Schnitzler hat die oftmals geradezu verruchte Stimmung, die damals in den Badener Salons herrschte, in Werken wie „Das weite Land" oder „Spiel im Morgengrauen" festgehalten.

Im Ersten Weltkrieg wurde Baden noch einmal Kaiserstadt, als 1917 der junge Habsburger Karl I. das Oberbefehlskommando über die Österreichisch-Ungarische Armee in das Haus am Hauptplatz verlegte. In der Zwischenkriegszeit versuchte die Stadt, durch spektakuläre Gründungen und Neuerrichtungen wie Spielkasino oder Strandbad, den alten Glanz samt gutem Ruf wieder aufzupolieren.

In den Nachkriegsjahren entwickelte sich Baden zur drittgrößten jüdischen Gemeinde in Österreich (hinter Wien und Graz), was sich an einer Vielzahl von Einrichtungen widerspiegelte. Parallel zur aktiven jüdischen Gemeinde formierte sich ab 1920 allerdings auch die NSDAP in der Stadt – der Antisemitismus war nicht mehr aufzuhalten und durchdrang mehr und mehr alle Lebensbereiche. Mit dem Anschluss Österreichs an das Deutsche Reich im Jahr 1938 zerfiel die jüdische Gemeinde in Baden, die damals etwa fünf Prozent der Gesamtbevölkerung ausmachte.

Nach dem Ende des Zweiten Weltkriegs war die Stadt bis 1955 Hauptquartier der sowjetischen Besatzungsmacht.

Nach dieser Zeit wurde die Grundlage für die Stadt geschaffen, die bis heute als beliebter und mittlerweile moderner Weltkurort – mit einem Hauch altmodischer Nostalgie und monarchistischem Flair – weit über die Grenzen Österreichs hinaus für seine heilsamen Schwefelthermalquellen bekannt ist. Außerdem stellt Baden aufgrund der interessanten Geschichte und hohen Lebensqualität seit dem 19. Jahrhundert einen beliebten Zweitwohnsitz für wohlhabende Wiener und Besucher aus aller Herren Länder dar. Deshalb bedeutet das Attribut „bei Wien“ für die Stadt seit dem 18. Jahrhundert nicht nur eine Lokalisierung, sondern ebenso eine Art gesellschaftlicher Zuordnung.

Baden ist Mitglied im Verband „Kleine historische Städte“.

Der Badener Bahnhof im 19. Jahrhundert
als gesellschaftliches Zentrum der Stadt

Interessante Daten, Zahlen und Fakten

Ein paar wirtschafts- und gesellschaftshistorisch relevante Daten, Zahlen und Fakten zur Stadtgeschichte Badens ab Ende des 18. Jahrhunderts:

1778 Zuschüttung der Stadtgräben, Beginn der Arbeiten zur Kanalisierung und Pflasterung der Straßen, Beleuchtung mit Öl-Laternen.

1796 Entdeckung eines römischen Ziegels der XIV. Legion bei der „Ursprungsquelle“ im Kurpark.

1804 bis 1813 Entfernung der Stadttore (Renntor am Ende der Renngasse, Theresientor am Ende der Theresiengasse, Wasser- oder Fischertor am Ende der oberen Wassergasse, Wienertor am Ende der Pfarrgasse, Spitaltor am Ende der Rathausgasse und Frauentor am Ende der Frauengasse), *um die Reinlichkeit zu befördern, Luft und Licht Eingang zu verschaffen.*
Die Arbeit an der Befestigung Badens hatte mit der Erhebung zur Stadt durch Friedrich III. im Jahr 1480 begonnen.

1805 Erscheinung des Verzeichnisses der Badegäste erstmals in gedruckter Version.

1841 Bewilligung der Einführung einer „Curtaxe“ durch die Gemeinde.

1847 Eröffnung der „Mineral-Schwimmschule“ mit modernen Therapie- und Freizeitprogrammen, die bis 1996 nahezu unverändert blieb und heute in erneuerter Form einen Bestandteil der „Römertherme“ darstellt.

1850 Eingliederung von Gutenbrunn und Leesdorf in die Gemeinde.
Ernennung von Baden zum eigenen Gerichtsbezirk.

1863 Errichtung eines Unterrealgymnasiums im 1811 aufgelösten Augustinerkloster, ab 1827 k. k. Hofgebäude (heute BG/BRG Frauengasse).

1865 Gründung der Freiwilligen Feuerwehr.

1866 Einführung der Gasbeleuchtung.

1867 Erscheinung des ersten „Localblatts“.

1875 Negativrekord seit Beginn der Aufzeichnungen: 197 Tage mit Niederschlägen.

1892 Gründung des Trabrennvereins.

1894 Einführung der elektrischen Beleuchtung.

1895 Inbetriebnahme der elektrischen Straßenbahn Baden–Bad Vöslau, die 1951 eingestellt wurde. Darüber hinaus existierten auch die Rauhensteiner-Linie (1873 als Pferde-Tramway gegründet, verband den Bahnhof mit dem ehemaligen „Brauhaus Rauhenstein“) und eine Ring-Rund-Tramway. Die beiden Drehscheiben für alle Bahnen befanden sich am Bahnhofsplatz und Josefsplatz.

1896 Bau der Doppelstation im Bahnhofsgebäude.

1899 Gezählte Ankünfte Kurgäste: 14.679 Personen.

Bis *1902* Einleitung von Wasser und Kanalisation in die Häuser – die Hausbrunnen und Senkgruben gehörten damit der Vergangenheit an.

Ab *1907* Verbindung von Baden und Wien, von Stadtmitte zu Stadtmitte, durch die Wiener Lokalbahn („Badener Bahn“).

1907 Messung eines neuen Temperaturtiefpunkts zu dieser Jahreszeit im Juni: Das Thermometer kletterte bei starkem Regen und einigen Stürmen an manchen Tagen nachts und morgens auf der Skala nicht über acht Grad C.
Modernisierung der öffentlichen Fernsprecher – dennoch mussten die Badener immer noch mindesten eine halbe Stunde auf ein Gespräch nach Wien warten.

1912 Zusammenschluss von Weikersdorf mit Baden (zuvor hatten die beiden Gemeinden zur Koordination des Fremdenverkehrs einen gemeinsamen „Cur-Rayon“ gebildet).

1915 Gezählte Ankünfte Kurgäste: 21.931 Personen.

Zwei allgemeine Erklärungen zu den Angaben im Text:
In Baden haben sich, wie in jeder anderen Stadt der Welt auch, die Straßennamen und Hausnummern im Laufe der Zeit geändert. Die in den Texten angegeben Bezeichnungen und Anschriften stellen die heutigen (2016) Adressen in der Stadt dar.
Die alten Währungen wurden in einigen Geschichten zur Verdeutlichung der Bedeutung in Euro umgerechnet und in Relation gesetzt (unter Miteinbeziehung der Inflation, des Lohnniveaus und der Kaufkraft).

Das blaublütige Baden

Eine der lebhaftesten Saisons war jene von 1832, wo die damals in Wien tagenden deutschen Naturforscher in 39 Eilwagen nach Baden fuhren, um sowohl von Erzherzog Anton als auch in der Weilburg von Erzherzog Karl empfangen zu werden. Die glänzendste Saison in Baden aber war jene von 1834. Denn damals weilten außer dem Kaiser- und Kronprinzenpaar fünf Erzherzoge, Fürst Metternich und eine glänzende Adelsversammlung in der Stadt, und das ganze Getriebe erschien selbst den Zeitgenossen höchst bemerkenswerth.

Reinhard Petermann in der „Wiener Zeitung",
Ausgabe vom 20. Juni 1899

Kaiser Friedrichs Spürhunde und die Schwefelquellen

Laut einer Sage, die zur Zeit der Romantik entstand, wurden die Badener Heilquellen von den Hunden eines Ritters entdeckt, der auf seiner Reise durch das Land in Baden Rast machte.

Folgende Variation stammt von dem Schreiber Hieronymus Lorm, wie er in der Zeitung „Die Presse" (Ausgabe vom 21. Juli 1872) zu berichten wusste: Friedrich III. (1415–1493), Kaiser aus dem Hause Habsburg, soll in Baden während der Jagd den Spuren seiner bellenden Vierbeiner gefolgt sein. *Als er mit Verwunderung wahrgenommen hatte, daß die Hunde sich nicht auf ein Wild, sondern in eine Quelle gestürzt und mit noch größerer Verwunderung diese warm gefunden hatte, da legte „der edle Degen lobesan" den Finger an die Nase.* Als dem Herrscher klar wurde, worauf seine Hunde gestoßen waren, hat er umgehend die Besiedlung des Gebiets veranlasst.

Der Überfall des Flegels auf die Kaisergattin

Im Jahr 1466 schickte Kaiser Friedrich III. seine Gattin Eleonore nach der Geburt ihrer Tochter Kunigunde zur Kräftigung in die Kurstadt Baden, weil er auf die heilende Wirkung der Bäder vertraute. Gewohnt hat die Adelige während ihres Aufenthalts in der Badener Burg. Als sie nach ihrem Erholungsurlaub die Heimreise nach Wiener Neustadt antrat, wo die Herrscherfamilie zu jener Zeit vorübergehend wohnte, wurde die Kutsche mit der Kaisergattin, der kleinen Prinzessin und deren Amme überfallen. Ein wenig außerhalb der Stadt hatten die stadtbekannten Badener Schurken Wilhelm von Puchheim (der 1466 Burg Rauhenstein besaß) und Nabuchodonosor Ankelreuther den Reisenden im Wald aufgelauert und sie ausgeraubt.

Die Bande um den „schrecklichen Wilhelm" beging in der Gegend noch zahlreiche weitere Untaten und konnte dafür nie zur Rechenschaft gezogen werden. Burg Rauhenstein jedoch hat der wütende Friedrich umgehend nach dem Überfall auf seine Gattin konfisziert und künftig von den eigenen Leuten betreiben lassen. Eleonore verstarb 1467 erst 30-jährig während eines weiteren Kuraufenthalts in Baden vermutlich an einer Magen-Darm-Infektion.

Ein Gärtner, Schweigegeld und die Glocke des polnischen Diplomaten

August „der Starke" (1670–1733), Kurfürst von Sachsen und eine der schillerndsten Figuren des beginnenden 18. Jahrhunderts, wollte als Protestant unbedingt König vom erzkatholischen Polen werden, nachdem der amtierende Herrscher des Landes im Jahr 1697 verstorben war. Er traf sich in Baden mit seinem Verwandten, dem katholischen Bischof von Györ, um sich mit ihm zu beratschlagen. Tagsüber kurte der Adelige im Frauen- und Herzogbad, nachts diskutierte er bei dem einen oder anderen Glas Wein mit dem Bischof die verzwickte Sachlage. Der starke August erhielt endlich nach katholischem Ritus die heilige Kommunion, weil keine andere Lösung greifbar war. Doch ein Badener Gärtner, der täglich bei Sonnenaufgang die Blumen goss, hatte das taktische Manöver mitbekommen – was August bemerkte und den Mann mit den Worten „Wann du von dem, was du etwan (sic!) gesehen hast, etwas sagest, so ist mein Faust dein Tod" zum Schweigen brachte. Der Florist berichtete nach langem Hadern dem Stadtrat davon – aus diesem Grund steht die Geschichte auch im Badener Ratsprotokoll. Als August tatsächlich König von Polen wurde, erbat man als eine Art Schweigegeld eine Glocke für die Stadtpfarrkirche von dem Herrscher, der dies versprach, dann allerdings darauf vergaß. Erst im Jahr 1991, fast 300 Jahre später, traf die Sachspende ein, nachdem die ganze Geschichte einem polnischen Diplomaten zu Ohren gekommen war. Die Glocke läutet heute im Stadtteil Leesdorf.

Kaiserin Maria Theresias Frauenverbot im Josefsbad

Im Juni 1766 traf Maria Josepha, die Gattin des Habsburger-Kaisers Joseph II., zum Kuren in Baden ein, wo sie vom Magistrat der Stadt feierlich mit Musikkapelle empfangen wurde. Mit dabei war ihre Schwiegermutter, Kaiserin Maria Theresia (1717–1780), welche die gesundheitlichen Fortschritte Josephas überwachen sollte, die im Frauenbad behandelt wurde. Bei dieser Gelegenheit stellte die Monarchin mit Erschütterung fest, dass schräg gegenüber das Josefsbad (Josefsplatz 2, derzeit Restaurant) nicht nur vom „Bürgerstand" besucht wurde, sondern dort auch mit Vorliebe die Geistlichkeit badete. Sofort erteilte die streng gläubige Maria Theresia das Zutrittsverbot für Frauen im Josefsbad, das erst 1799 wieder aufgehoben wurde. Maria Josepha, die in Baden schon merklich schwach auf den Beinen war, verstarb ein Jahr später an den Pocken.

Wie Franz II./I. Glanz und Glorie nach Baden brachte

Zuerst einmal zur Klärung der Bezeichnung Franz II./I.: Als Franz II. war der Habsburger der letzte Kaiser des Heiligen Römischen Reiches, später als Franz I. der erste Kaiser von Österreich.

Und jener Franz II./I. (1768–1835), der auch „Biedermeierkaiser" genannt wurde, verbrachte von 1803 bis 1835 jeden Sommer in Baden, brachte Glanz und Glorie mit und sorgte für einen großen wirtschaftlichen Aufschwung in der Region. Der gesamte Hof, die feine Gesellschaft und die Geldaristokratie hielt Einzug, sodass die Stadt mit finanzieller Unterstützung einiger Mäzene mit herrlichen Parkanlagen und prächtigen Stadtpalais ausgestattet werden konnte. Der Kurpark, in dem man damals alle bedeutenden Gestalten dieser Zeit traf, wurde zu einem der wichtigsten Plätze Mitteleuropas.

Die Anwesenheit des Monarchen hatte außerdem zur Folge, dass viele weitere Adelige und große Künstler auf die Kurstadt aufmerksam wurden und Zeit hier verbringen wollten.

Die Kaiserfamilie in Baden ganz volksnah

Im Jahr 1794 leisteten drei Schwestern von Kaiser Franz einen Beitrag zur Imagepflege des Kaiserhauses, indem sie sich symbolisch an Erntearbeiten auf einem Acker in der heutigen Mühlgasse beteiligten. Diese Aktion stellte zugleich eine Demonstration der Volksnähe dar.

Während seiner regelmäßigen Sommerfrische in Baden empfing Franz II./I. auch Besuch aus dem Volk, wie die „Wiener Zeitung" am 5. August 1812 verkündete: *Se. Maj. der Kaiser haben bereits am abgewichenen Freytage den Aufenthalt zu Baden genommen, und sind gestern hierher gekommen, um heute Audienzen zu ertheilen.*

Der Badener Hauptplatz zu Zeiten Kaiser Franz II./I.
mit dem Kaiserhaus

Das Kaiserhaus – „Unfähig einer zweckmäßigen Verbesserung!“

Anfangs kam Franz II./I. mit seiner dritten Ehefrau, Maria Ludovica, mit der er zunächst in Hotels und im Augustinerkloster nächtigte (das später jeden Sommer zur Unterbringung des Hofstaats und für die Kinder des Kaisers angemietet und 1826 für den Hof angekauft wurde). Nach ihrem Tod im Jahr 1816 erschien der Regent mit seiner vierten und letzten Gattin, der um 24 Jahre jüngeren Karoline Auguste.

1813 schickte der Monarch Ehefrau Maria Ludovica zur Besichtigung eines Palais (das heutige Kaiserhaus, Hauptplatz 17), das er *zu seinem persönlichen Gebrauche* zu erwerben gedachte, die nach dem ersten Anblick in einem Brief an ihren Gemahl äußerte: *Ich besah das Gebäude das wir bewohnen sollen, und muss dir offenherzig gestehen, dass ich es sowohl unbewohnbar für heuer als unfähig einer zweckmäßigen Verbesserung finde.*

Doch die giftige Kritik der Kaisergattin hat nichts genutzt: Franz II./I. hatte sich bereits in das – von 1808 bis 1811 vom Architekten Charles Moreau für Fürst Nikolaus II. Esterházy adaptierte – Palais verliebt und ließ es um 65.000 Gulden kaufen. Der sparsame Monarch hat die vom Brand verschmutzten Wände einmal kurz übertünchen lassen und zog umgehend 1813 im ersten Stock ein. Die 1808 für Fürst Nikolaus II. Esterházy erbauten Stallungen in der Grabengasse 18 (heute Sitz der Feuerwehr Baden Stadt) hat Franz II./I. zur Unterbringung seiner edlen Rösser genutzt. Es handelt sich um eines der bedeutendsten erhaltenen Nutzbautenensembles des französischen Revolutionsklassizismus in Österreich.

Die Gäste des Kaisers wohnten ab 1826 im Haus mit der Adresse Wassergasse 2–4 (das zum Areal des 1826 angekauften ehemaligen Augustinerklosters gehörte).

Sparmeister Franz

Maria Ludovica hätte sich ihre Sorge bezüglich der Verbesserungen des Hauses allerdings sparen können, da ihr Gatte das Geld für die Renovierung ohnehin sparen wollte. Der Kaiser hatte keine Lust, in den Bau zu investieren, lehnte diesbezügliche Vorschläge von Hofbaudirektor Johann Amann und Obersthofmeister Fürst Trauttmansdorff – die nötigen Ausgaben waren zuvor von Finanzminister Graf Wallis bereits auf ein Minimum zusammengestrichen worden – rundheraus ab. Des Kaisers Unwillen fiel beispielsweise der Plan, eine Schwefelwasserleitung vom Frauenbad ins Kaiserhaus legen zu lassen, zum Opfer. Die beim Stadtbrand 1812 beschädigten Wände wurden notdürftig saniert, die billig erstandenen alten Möbel geflickt und repariert. Die Bedenken von Fürst Trauttmansdorff, der schlechte Zustand und die billige Ausstattung des Hauses könnten der Reputation des Kaisers schaden, fegte Franz II./I. mit einer Handbewegung zur Seite und verkündete, er erwarte sich das Erreichen des Sparziels.

Im Jahr 1827 erfolgte dann dennoch eine Generalsanierung des Gebäudes. Unter anderem wurde bei dieser Gelegenheit die Kommunikationstüre zwischen dem Warteraum des Speisezimmers und dem kaiserlichen Schlafzimmer vermauert, weil man durch die Tür „jedes Wort" hörte.

Der abgewetzte Hut des Kaisers

Franz II./I. liebte die Stadt Baden, und die Stadt Baden, respektive deren Einwohner, liebten ihren Franz. Aufgrund dieser Tatsache trug der Habsburger wohl auch den schäbigsten Zylinder der Monarchie – die Krempe war vom vielen Zurückgrüßen beim Flanieren durch die Straßen von Baden recht rasch total abgegriffen. Doch der Kaiser hat den Hut nicht ersetzt, erstens, weil er unnütze Ausgaben vermied, zweitens, weil es für ihn ein Zeichen der Anerkennung darstellte.

Kaiser Franz und die warmen Quellen

Im Jahr 1805 gründete Seine Majestät im ehemaligen Mariazellerhof (einst im Besitz des Stifts Mariazell) die k. k. Wohltätigkeitsanstalt (Marchetstraße 15) und ließ sie 1825 erweitern. Diese Institution nahm Kranke und *arme Badebedürftige aus Wien und vom flachen Lande in Nieder-Oesterreich unentgeldlich auf. Ein eigenes Bad im Garten der Anstalt wird von der + 23 Grad warmen Quelle genährt* („Wiener Zeitung", 9. Juni 1840).

Besonders häufig besuchten Kaiser Franz II. und seine Gemahlin die Thermalquellen, wie am 6. Juli 1823 im „Österreichischen Beobachter" zu lesen ist: *Nachmittags haben sich Se. Majestät der Kaiser mit Ihrer Majestät der Kaiserin nach Baden begeben, um Sich der dortigen Bäder zu bedienen.* Der Herrscher soll nach und nach sogar einige Badeordnungen erlassen haben. Seit 1959 wird der Kurbetrieb von der Stadtgemeinde Baden geführt.

Der Monarch als zweite Geige

Obwohl der Biedermeierkaiser Franz für das Erblühen der Stadt Baden sorgte, spielte er in der Stadt nur die „zweite Geige“. Er wollte unbedingt im Streichquartett des Apothekers und Bürgermeisters Johann Nepomuk Trost mitspielen – und man konnte das dem Kaiser schlecht verwehren, doch zur Sicherheit überließ man ihm nur … die zweite Geige. Offenbar fürchtete man aufgrund der mangelnden musikalischen Qualitäten des Monarchen, dass die Konzerte zum Desaster werden könnten. Stattgefunden hat der Ohrenschmaus im damaligen Apothekenhaus (Hauptplatz 2), in dessen Hof eine Säule aus dem Mittelalter zu bewundern ist. Angeblicher Kommentar des Kaisers zu dieser Herabsetzung: „Ja, aber in Wien, da spiel' i' die erste Geigen!“

Die angedichtete Herzensgüte

Im Jahr 1832 kursierte in den Printmedien eine Geschichte, welche sich in Windeseile bis nach Frankreich verbreitete – sie handelte von der „Herzensgüte“ des Kaisers Franz II./I., die er auch in Baden unter Beweis stellte: Der Regent soll sich dem Leichenzug eines *seiner geringsten Unterthanen,* dem nur der Priester und der Küster auf dem Weg durch einige Straßen der Stadt folgten, angeschlossen haben, weil ihm der Verstorbene leid tat. Dazu existierte sogar ein Gedicht mit dem Titel „Kaiser Franz und die Leiche“, gereimt von Ludwig August Frankl. Der Monarch hat sich dazu angeblich folgendermaßen geäußert: „Die Vers sein wohl schön, ich laß dem Frankl danken für die gute Meinung, aber wahr ist die G'schicht nicht.“

Napoleons Besuch beim Schwiegervater in Baden

Napoleon I. Bonaparte (1769–1821), französischer Kaiser, General und Diktator, heiratete Marie-Luise von Habsburg, die Tochter von Franz II./I., und besuchte im Jahr 1809 seinen nur um ein Jahr älteren Schwiegervater in der Sommerfrische in Baden. Bei einem Spaziergang im Helenental („Tal von St. Helena") in Begleitung seiner Adjutanten schwärmte er, wie schön es sein müsste, an diesem herrlichen Ort sein Leben zu beenden. Und das tat er auch – im Exil auf St. Helena, einer Insel im Südatlantik, in das er 1815 verbannt wurde.

Marie-Luise und der junge Adler

Marie-Luise kam nach der Verbannung ihres Gatten aus Frankreich zurück in ihr Heimatland und lebte in den Sommermonaten zwischen 1818 und 1834 mit Sohn Napoleon Franz Josef Karl Bonaparte (später Herzog von Reichstadt genannt) häufig in Baden – 1808 im Augustinerkloster, 1815 im Kaiserhaus, 1818 und 1823 im Palais Attems (heute Café Central) sowie 1828 und 1834 im Kasino (heute Sparkassengebäude neben dem Kaiserhaus). Im Jahr 1830 wohnte sie im Florastöckl (Frauengasse 5), das ihr Vater im Jahr 1826 gekauft hatte. Seinen Namen verdankt das Palais im Empirestil (heute Teil des BRG Baden) einer auf dem Mitteldach befindlichen Skulptur der Flora, der römischen Göttin der Blüte, die auf einem mit Füllhörnern verzierten Sockel Blumen aus einem Korb nimmt. Ebenso im Florastöckl Quartier bezogen haben unter anderem in den Jahren 1828 und 1829 Erzherzog Franz Karl und Erzherzogin Sophie (Eltern von Kaiser Franz Joseph).

Napoleon Franz Josef Karl (1811–1832), der den Beinamen „L'Aiglon" („der junge Adler") trug, wurde 1828 in der Frauenkirche, damals Hofkirche, gefirmt. Er wohnte später häufig im Kaiserhaus sowie in seinem Häuschen „Zum Griechischen Tempel" (Breyerstraße 5, gegenüber Florastöckl), das 1945 ausgebombt wurde. Es handelt sich dabei um jenes Gebäude, das Maria Ludovica, die dritte Gattin von Kaiser Franz II./I., zur kaiserlichen Residenz machen wollte.

Die Masken von Vater und Sohn

Im Rollettmuseum befinden sich die einzige echte Lebendmaske Napoleons sowie eine Totenmaske seines Sohnes, die der Badener Kurarzt Anton Rollett von Kaiser Franz II./I. (dem Großvater des jungen Adlers) erhielt. *Der Unterschied in der Stirnbildung zwischen Napoleon I. und dem Herzog von Reichstadt ist in die Augen springend. Gegen den genialen Cäsarschädel Napoleon's sticht die Kürbisform des Schädels seines Sohnes merkwürdig ab.* („Oesterreichischer Soldatenfreund", Ausgabe vom 28. Dezember 1881)

Die „Pirutschade" im Florastöckl

Die Zeitung „Oesterreichischer Soldatenfreund" berichtete am 28. Dezember 1881, was mit Napoleons Maske passierte, bevor sie im Museum landete: *Ein interessantes Geschichtchen knüpft sich an die Erwerbung der Todtenmaske des großen Kaisers. Der im Museum befindliche Gypsabguss ist ein aus St. Helena für den Herzog von Reichstadt gesandtes Original. Die Kaiserin Maria Louise pflegte den Sommer in Baden zu verbringen. Ihr Obersthofmeister war Graf Bombelles. Eines Tages wurde der Arzt des Grafen Bombelles zu diesem gerufen und fand die Kinder desselben eifrigst damit beschäftigt, einen weissen Gegenstand, um den die Kleinen einen Faden geschlungen hatten, auf dem Erdboden spazieren zu fahren. Der Arzt trat hinzu und erkannte in dem hin- und herfahrenden Gegenstand eine Todtenmaske des Kaisers Napoleon. Augenblicklich entriss er den Kindern das merkwürdige Spielzeug und trat damit auf den Grafen Bombelles, der eben in's Zimmer kam, zu. Der Graf, höchst erstaunt, begriff nicht, wo die liebe Jugend diese Maske gefunden habe, und erzählte, dass er sie für den Fall, als die Kaiserin Maria Louise darnach verlangte, stets bei sich führe. Der kluge Arzt lächelte und erbat sich die Gunst, die Maske fortan in seiner Sammlung bewahren zu dürfen. Die Kaiserin könne ja jederzeit darüber verfügen. So wurde die Maske dem Verderben entrissen und nur leichte Lädirungen der abgewetzten Nase bezeugen heute noch die sonderbare Pirutschade auf dem Badener Fussboden.* Bei dem „klugen Arzt" handelte es sich um Anton Rollett. Die „Pirutschade" fand im Florastöckl statt.

Einspruch im habsburgertreuen Baden

Im Jahr 1809 blieb Baden während der „Franzoseninvasion", als 6.000 Mann hindurch Richtung Wiener Neustadt zogen, von Brand und Plünderungen verschont. Jedoch erhielt die Stadt den Befehl, dass sie alle Straßen *bei Gelegenheit des Geburtstagsfestes Napoleons iluminieren […]* und ein Festessen auf Kosten der Stadt geben musste – wie der Badener Dichter, Politiker und Heimatforscher Hermann Rollett der „Badener Zeitung" vom 13. Jänner 1897 berichtete. Der habsburgertreue Magistrat reichte dagegen empört Beschwerde ein und erhielt folgende resignierte Antwort: *Das Eine und das Andere muß sich die Stadt Baden – leider – gleich anderen größeren Ortschaften gefallen lassen.* Und so wurden am 15. August alle Straßen mit zusammengebissenen Zähnen prunkvoll beleuchtet und bei Brot und Wein Napoleons Geburtstag „gefeiert".

Die Weilburg,
erbaut von Erzherzog Karl von Österreich-Teschen
für seine geliebte Henriette

Die Weilburg – ein Ort der Liebe und des Rückzugs

Erzherzog Karl von Österreich-Teschen (1771–1847), ein Bruder von Franz II./I., ließ für seine geliebte Gattin Henriette ab 1820 am Eingang ins Helenental die Weilburg erbauen. Der Habsburger, an den in Baden die Karlsgasse erinnert, wurde als Feldherr durch die Schlacht bei Aspern im Jahr 1809 berühmt. In dieser kriegerischen Auseinandersetzung gelang es ihm, Napoleon Bonaparte und seine „Grande Armée" zu besiegen, obwohl die französischen Kämpfer den österreichischen zahlenmäßig weit überlegen waren. Karl heiratete 1815 die um 26 Jahre jüngere deutsche Prinzessin Henriette Alexandrine von Nassau-Weilburg, eine Protestantin, die auch nach ihrer Hochzeit nicht zum Katholizismus konvertierte – es handelte sich um eine der ersten „Mischehen" im Haus Habsburg. Im Jahr 1816 wurde von Henriette in Österreich die Tradition der Aufstellung eines Christbaums – eines geschmückten Nadelbaums mit brennenden Kerzen – zu Weihnachten eingeführt (in Baden stand der erste Christbaum im Jahr 1840 – in der Kleinkinder-Bewahranstalt in der Mariengasse 8).

In der Weilburg, errichtet nach Plänen von Joseph Kornhäusel, weilte Henriette ab 1823 zur Sommerfrische. Vor Fertigstellung des Schlosses wohnte das Paar im „Jägerschen Haus" (Theresiengasse 8). Nach dem Tod seiner Frau, für die das Schloss immer ein Ort der Liebe und des Rückzuges war, schrieb der Erzherzog in einem Brief: *Das Sitzen und Brüten auf meinem einsamen Schlosse, zwischen Burgen, Felsen und Wald, bestärkt die üblen Gewohnheiten.*

Der Rosenkavalier

Karl von Österreich-Teschen stellte als erster den Bezug der Rose zu Baden her, er ließ bei der Weilburg einen wunderschönen Rosengarten mit den verschiedensten Arten anlegen. Der Habsburger und seine Gattin verbrachten unzählige romantische Stunden inmitten des Blumenmeers, das liebevoll gehegt und gepflegt wurde.

Zeitgenosse Anton Rollett erhielt die Genehmigung, sich jederzeit ein Exemplar für sein Herbarium (= Sammlung getrockneter und gepresster Pflanzen für wissenschaftliche Zwecke oder zur Dokumentation) abzwicken zu dürfen. Diese Blumen sind im Rollettmuseum als verdörrte Schönheiten erhalten.

Der habsburgische Gönner und sein Palais

Erzherzog Anton Viktor (1779–1835), ein weiterer Bruder von Franz II./I., galt als großer Gönner und Verschönerer der Stadt Baden. Der Generalfeldzeugmeister aus dem Hause Habsburg und Hochmeister des Deutschen Ordens ließ unter anderem ein Netz von Promenadewegen im Helenental anlegen und krönte es mit der Antonsgrotte gegenüber der Cholerakapelle (heute ein romantischer Treffpunkt für Liebespaare). Auch die Antonsbrücke beim Urtelstein (heute durch einen Übergang für Radfahrer ersetzt) stammte von dem adeligen Wohltäter, der den kahlen Felsen begrünen ließ.

1810 kaufte er sich ein Haus an seinem „Lieblingsorte“, das er, nachdem es der Stadtbrand im Jahr 1812 fast zur Gänze zerstört hatte, neu errichten und zum Palais ausbauen ließ (Antonsgasse 10–12, als Eigentumswohnungshaus verwendet).

Das Stiegengeländer des neuen Palais, das Erzherzog Anton Viktor 1816 bezog, soll aus den Gewehrläufen der bei der Schlacht von Aspern verwendeten Waffen zusammengesetzt sein – wenn man freundlich fragt, kann man es bis heute besichtigen. Der Garten und die Gewächshäuser in dem herrschaftlichen Haus, so heißt es, beinhalteten ein üppig und bunt blühendes Blumenparadies mitsamt erlesener Rosenkultur.

„Lasset mein Haus brennen!"

Bei dem verheerenden Feuer im Jahr 1812 betätigte sich Erzherzog Anton Viktor selbst an den Rettungsarbeiten. Als er die Nachricht erhielt, dass auch sein Besitz in der Antonsgasse in Flammen stehe, rief er: „Lasset mein Haus brennen und rettet die Häuser der Bürger!" („Welt Blatt", Ausgabe vom 7. September 1879).

Gütinand, der Fertige

Ferdinand I. (1793–1875) „der Gütige", der Sohn von Franz II./I., war ebenfalls oft in Baden zu Besuch. Der Habsburger wurde aufgrund seiner epileptischen Anfälle häufig als „Nandl der Trottel" bezeichnet, oder anstatt „Ferdinand, der Gütige" wegen seines kränklichen Aussehens auch „Gütinand, der Fertige" genannt. Trotz zahlreicher Zuneigungsbekundungen, die er vom Volk vermutlich wegen seiner harmlosen Liebenswürdigkeit erhielt, wurde der österreichische Kaiser gleichermaßen auch belächelt. In Baden hat sich daher in Erinnerung an den Monarchen über Generationen hinweg der Ausruf „Gütiger, der Ferdinand!" (anstatt „Ferdinand, der Gütige") eingeprägt.

Der erzürnte Bittsteller

Zumindest bei einem Mann war Kaiser Ferdinand I. allerdings mit Sicherheit nicht beliebt: beim pensionierten Hauptmann Franz Reindl, dem der Regent eine erbetene Summe Geldes verweigerte. Der erzürnte Bittsteller verübte daraufhin am 9. August 1832 in Baden (in der heutigen Marchetstraße) ein Pistolenattentat auf den Kronprinzen. Ferdinand überstand die Attacke leicht verletzt – zwei junge Badener Gärtner, die in der Nähe gearbeitet hatten, konnten den Täter überwältigen. Sie wurden daraufhin als Helden gefeiert und am Hof in Wien als Leiblakaien eingestellt.

In Baden errichtete man aus Dankbarkeit für die Errettung des Kaisers im Jahr 1833 an der Nordseite der barocken Pestsäule aus dem Jahr 1713, die sich am Hauptplatz vor dem Kaiserhaus befindet, den Ferdinandsbrunnen.

„Der Gütige" unternahm im Jahr nach dem Anschlag eine Wallfahrt nach Mariazell. In der Gnadenkirche wurde ein Eichenzweig in Gold deponiert, in dem die auf Ferdinand abgefeuerte Kugel eingearbeitet war.

Das Fettnäpfchen des Hermann Rollett

Die „Österreichische Buchhändler-Correspondenz" vom 16. Jänner 1892 wusste zu berichten, dass eine Ausgabe der Publikation „Beiträge zur Chronik der Stadt Baden", verfasst von Hermann Rollett, nachträglich beschlagnahmt worden war. Brave Bürger hatten die *anstößige Annahme eines intellectuellen Gebrechens* des Monarchen beanstandet. Einige Zeit später wurde das Blatt mit der Umformulierung einer offenbar nicht arg gemeinten, den *Kaiser Ferdinand betreffenden Stelle* wieder freigegeben und unter anderem von „Schützes's Buchhandlung" vertrieben.

Ein Grillparzer-Fan und Rosenzüchter

Erzherzog Albrecht (1817–1895), der älteste Sohn von Erzherzog Karl von Österreich-Teschen, erhielt nach dem Tod seiner Mutter Henriette im Jahr 1829 die Weilburg, die er von ihr geerbt hatte, und verbrachte mit seiner Familie etliche Sommer in Baden. Vater Karl besaß ein lebenslanges Wohnrecht und machte häufig davon Gebrauch.

Als großer Verehrer des Dichters Franz Grillparzer mietete er dessen „Dichterstübchen" im Herzoghof (Theresiengasse 5), damit das Zimmer genau in dem Zustand erhalten bleibe, in dem es der Schriftsteller bewohnt hatte. Der damalige Pächter ist dem Wunsch des prominenten Grillparzer-Fans gerne nachgekommen und gestattete ihm außerdem jederzeit freien Zutritt.

Warum der Vater husten musste, wenn Erzherzog Rainer nahte

Erzherzog Rainer (1827–1913), ein Neffe von Kaiser Franz II./I., hat im Jahr 1874 eine Villa in Baden gekauft, da er und seine Frau Marie Caroline (Tochter von Erzherzog Karl) die Sommer gerne in der Kurstadt verbrachten. Immer mit dabei waren die vier mutterlosen Kinder von Rainers Bruder, Erzherzog Ernst, der sich später bankrott das Leben nahm. Das heute unter dem Namen Rainervilla (Privatgalerie, Rainerweg 1) bekannte Gebäude war von Gustav Ritter von Epstein nach den Entwürfen des bekannten Architekten Otto Wagner im italienischen Stil errichtet worden.

Als leidenschaftlicher Reiter überquerte der Erzherzog, so die Legende, bis ins hohe Alter das Helenental über die Bögen der Wiener Wasserleitung. Er ließ in Baden Stallungen erbauen, die eine eigene Adresse hatten (Kornhäuselstraße 10).

Die Familie besuchte häufig ihre Verwandten in der Weilburg, und wenn ihr auf dem Weg dorthin ärmlich oder kränklich aussehende Leute entgegenkamen, griff der Erzherzog häufig in seine Tasche und überreichte ihnen ein Geldgeschenk. Berühmt in diesem Zusammenhang ist der Ausspruch eines kleinen Buben, der damals zu seinem Vater gesagt haben soll: „Geh, tua schnell huasten, der Erzherzog kummt!"

Nach dem spendablen Erzherzog ist neben dem Rainerweg auch der Erzherzog-Rainer-Ring benannt.

Der gestürzte Prinz

Erzherzog Wilhelm (1827–1894), ein Sohn von Erzherzog Karl von Österreich-Teschen, hauste während seiner Aufenthalte in Baden meist im „Stöckl" bei der Weilburg. Er ließ ab 1882 in 300 Meter Entfernung seine eigene Sommerresidenz errichten, die heutige Eugenvilla (benannt nach dem Neffen und Erben von Wilhelm, Erzherzog Eugen). Erzherzog Wilhelm zog sich im Juli 1894 bei einem Sturz vom Pferd, das vor einem Zug der elektrischen Bahn auf der Strecke Rauhenstein–Baden gescheut hatte, einen Schädelbasisbruch zu und verstarb am gleichen Tag in seiner in der Nähe des Unfallorts gelegenen Villa. Nach ihm benannt ist der Erzherzog-Wilhelm-Ring.

In einem Nachruf im „Grazer Tagblatt" (Ausgabe vom 30. Juli 1894) heißt es: *Rüstig und hoch zu Ross in den Jahren, da oft schon das Greisenalter seine kühlen Finger auf Körper und Seele legt und doch plötzlich gebrochen, wie der starke Baum im Forste. Vom gescheuten Pferde ist Erzherzog Wilhelm, […] gestern zur Erde gestützt und unaufhaltsam entfloh das Leben aus der klaffenden Wunde; wenige Stunden nach dem Sturze war der Prinz eine Leiche.*

Sein Neffe und Erbe, Erzherzog Eugen, spendete einen Gedenkpfeiler unter der Voraussetzung, dass dieser immerwährend zu erhalten sei (Höhe Helenenstraße 40).

Das Kaiserfenster

Kaiser Franz Joseph I. (1830–1916) hielt sich drei Mal aus beruflichen Gründen in Baden auf, und zwar als Zuseher bei Schießveranstaltungen (1899, 1911 und 1913) – um den Kaiser zu beeindrucken, wurde die Badener Bevölkerung 1911 zur Spende von Ehrengaben aufgefordert, die im Gabentempel der Schießstatt (damals am Fuße des Hartbergs) ausgestellt wurden. Dort befand sich damals auch das „Kaiserfenster", eine 1913 entstandene prächtige Glasmalerei, die den Monarchen in Jägertracht mit Büchse und Jagdstock darstellt. Nachdem das Fenster lange Zeit verschollen war, ist es heute in der Schießhalle des Schützenvereins der Stadt Baden (Braitnerstraße 63) eingebaut. Es kann während der Schießzeiten (Mo und Mi, 18.00 bis 21.00 Uhr) besichtigt werden.

Privat besuchte der Kaiser hin und wieder Verwandte in Baden.

Hoch oben in den Wäldern auf der westlichen Seite des Kurparks liegt das Kaiser-Franz-Joseph-Museum (Hochstraße 51), benannt nach dem beliebten Regenten, in dem eine historische Sammlung diverser Gegenstände ausgestellt ist. In Baden erinnert an den Monarchen außerdem der Kaiser-Franz-Joseph-Ring.

Ein Nachruf auf die Neugasse

Als man zu Beginn des 20. Jahrhunderts die Neugasse dem Habsburger-Regenten zu Ehren in Kaiser-Franz-Josefstraße umbenannte, erschien am 14. April 1906 folgender „Nachruf" in der „Badener Zeitung": *Heil ist uns wiederfahren! Das Alte stürzt, es ändern sich die Zeiten. O du gute, alte Zeit seligen Angedenkens, o du liebe, trauliche Neugasse mit deinen launischen*

Erinnerungen an eine Zeit „als der Großvater die Grußmutter nahm", du gehst und kehrst nicht mehr wieder, bald wird auch deine Stunde geschlagen haben und dein Schicksal entschieden sein. Dein mehr als hundertjähriger Bestand mochte unsere Stadtgötzen nicht zu rühren, ganze Generationen sind über deinen Buckel geschritten und nun kehren sie dir den Rücken! Eben sind die entmenschten Unholde damit beschäftigt, die Metamorphose vorzunehmen. Muß denn aber das sein? Sprechen nicht Jahrhunderte aus dir zu uns, den Epigonen? Doch halt, wir leben in der Zeit der Modernen? Wohl oder übel müssen wir uns in das Unvermeidliche fügen. Die Neugasse ist tot, es lebe die Kaiser Franz Josefstraße!

Sisi kauft auf dem Anninger eine Kuh

Kaiserin Elisabeth (1838–1898), genannt „Sisi", Gattin von Kaiser Franz Joseph I., befand sich ständig auf Wanderungen – es handelte sich dabei um wahre Gewaltmärsche, wie ihre sie begleitenden Zofen oft klagten. Ausgelöst worden war dieser ungeheure Bewegungsdrang vermutlich durch ihren Schlankheitswahn, der in einer handfesten Essstörung gipfelte.

Eine ihrer Lieblingsrouten führte die Kaiserin mit der „Elektrischen" von Wien in die Hinterbrühl, von wo aus sie über den Anninger nach Baden lief (sie hastete stets mit gerafftem Rock in langen gleichmäßigen Schritten vorwärts).

Einmal gönnte sie sich auf dieser Tour eine Rast im Anningerhaus, damals noch eine kleine Blockhütte, und trank im Waldschatten, am Buchenbrunnen sitzend, ein Glas Milch (dieses befindet sich heute im Gaadener Heimatmuseum). Diese schmeckte ihr so vorzüglich, dass sie am nächsten Tag einen ihrer Bediensteten auf den Berg schickte, um die Kuh zu kaufen. Ab diesem Tag stand das Rindvieh im Tiergarten Schönbrunn und wurde dort liebevoll von Sisi umsorgt.

Von der agilen Monarchengattin erwandert wurden im Raum Baden auch der Hohe Lindkogel (das „Eiserne Tor") und die Anhöhen zu den Ruinen Rauheneck und Rauhenstein.

Sisis Hochzeitsgeschenk: eine Trafik

Sisis erste Kammervorsteherin, Theresia Leidesdorf, lebte von ihrem 79. Lebensjahr bis zu ihrem Tod 1914 im Alter von 81 in Baden. Zuvor hatte sie bereits jeden Sommer in der Stadt verbracht. Die geborene Baronesse Lippa war die Tochter des kaiserlich-österreichischen Spions in Konstantinopel. Theresias Gatte, der Rittmeister Leopold Leidesdorf, der im Kampf für Ihre Majestäten beide Augen durch einen Säbelhieb verlor, verstarb bereits im Jahr 1871 – während einer jener Sommerfrischen in Baden. Verkuppelt worden waren die beiden einst von Kaiser Franz Joseph und Sisi höchstpersönlich. Als Ausstattung hatte die junge Frau von ihrer Arbeitgeberin eine Tabaktrafik mit 2.000 Gulden (umgerechnet und in Relation gesetzt etwa 36.000 Euro) Ertrag pro Jahr erhalten. Anlässlich der Verlobung von Theresia und Leopold soll der Kaiser launig-huldvoll in Anspielung auf die Verdienste des Rittmeisters in Kombination mit dem Namen seiner Braut ausgerufen haben: „Jetzt bekommt der Leidesdorf auch noch das ‚Theresien-Kreuz'."

Mit dem Zug nach Baden

Im Zusammenhang mit Erzherzog Rudolf, dem Sohn von Kaiser Franz Joseph I. und Kaiserin Elisabeth, steht die Region Baden hauptsächlich in Bezug auf seinen Selbstmord (oder doch Mord?) in Mayerling. Wenige Menschen wissen, dass der Thronfolger häufig mit der Südbahn nach Baden kam, sich von seinem Kutscher Josef Bratfisch, genannt Nockerl, mit der Kutsche vom Bahnhof abholen und durch die Stadt chauffieren ließ. Erst nachdem er sich eine Weile inkognito die Gegend angesehen hatte, fuhr er nach Mayerling oder Alland weiter, um dort mit seiner Gattin Stephanie Rehböcke zu jagen.

Offiziell kamen der Thronfolger und seine Gemahlin Stephanie häufiger nach Baden – auf einen Besuch bei Erzherzog Albrecht und seiner Gattin Hildegard in die Weilburg sowie zu Bekannten, die im Schloss Leesdorf (Leesdorfer Hauptstraße 69, heute HTL Meisterschule für Maler) oder im Schloss Gutenbrunn (mittlerweile Villa Gutenbrunn/Kurhotel, Pelzgasse 22) logierten.

Und mit dem Zug zurück nach Wien

Nachdem ein Kammerdiener Kronprinz Rudolf am 30. Jänner 1889 in den frühen Morgenstunden mit einem Kopfschuss im Schlafzimmer seines Jagdschlosses in Mayerling gefunden hatte, überführte einige Stunden später ein Pferdegespann der Ersten Badener Leichenbestattungsanstalt Eduard Nissel (Pfarrgasse 16) die Leiche des Thronfolgers zum Badener Bahnhof. Dort verlud man den toten Rudolf in einen Zug, der ihn zurück nach Wien brachte. Seine Geliebte Mary Vetsera, die Rudolf offenbar erschossen hatte, bevor er sich selbst das Leben nahm, wurde in einer Nacht-und-Nebel-Aktion mit dem Codenamen „Müller“ von ihren beiden Onkeln aus dem Haus geschafft. Die Männer fuhren mit dem leblosen Körper ihrer Nichte, der aufrecht in der Kutsche saß und komplett bekleidet war, in das nahe gelegene Heiligenkreuz, um sie dort am folgenden Vormittag auf dem Friedhof notdürftig verscharren zu lassen. Erst einige Monate später, am 16. Mai, wurde Mary in eine von ihrer Mutter errichtete Gruft umgebettet.

Der rasende Eugen

Erzherzog Eugen (1863–1954), einen Enkel von Erzherzog Karl von Österreich-Teschen, sah man während seiner Aufenthalte in Baden häufiger mit seinem Automobil durch die Straßen der Stadt „brausen" – ihm war am 7. Jänner 1906 das erste Kennzeichen Österreichs, A 1 (wobei das „A" für Wien stand), verliehen worden.

Liest man alte Zeitungsberichte von damals, wird das Fahrzeug des Erzherzogs in zahlreichen Artikeln eigens erwähnt.

Das Kaiserhaus als Armee-Befehligungszentrale

Karl I. (1887–1922), ein Großneffe von Kaiser Franz Joseph I., hat von seinem Büro im ersten Stock des Kaiserhauses aus als letzter Kaiser Österreichs seine Armee befehligt, als die Kurstadt mit Jänner 1917 operativer Sitz des Armeeoberkommandos der k. k. Monarchie wurde. Er hatte diesen Ort gewählt, damit er in der Nähe seiner restlichen Familie sein konnte, die zu dieser Zeit im Schloss Laxenburg ihre Zelte aufgeschlagen hatte. 1918 gebar seine Frau Zita dem Kaiser sein fünftes Kind, Sohn Carl Ludwig, in Baden – nur wenige Monate vor dem Zerfall der Monarchie. Noch im selben Jahr verließ der Habsburger nach seinem Regierungsverzicht das herrschaftliche Palais am Hauptplatz (danach befand sich in dem Gebäude mit dem Namen „Das Glück in Baden" eine Lotterie), das im Jahr 2008 von der Stadt gekauft und saniert wurde.

Weitere Blaublütler, die sich hin und wieder in Baden, aufhielten: Ladislaus IV. von Polen, Beatrix von Ungarn, Albrecht IV. „der Geduldige“ oder „das Weltwunder“, Leopold IV. „der Dicke“ oder „der Stolze“, Friedrich IV. „mit den leeren Taschen“, Albrecht V., Friedrich III., Maximilian I. „der letzte Ritter“, Leopold I., Peter der Große, Josef I., Josef II. (Denkmal im Kurpark), George I. von Griechenland, König Milan I. von Serbien und viele mehr.

Das berühmte Café Schopf,
Ecke Weilburgstraße/Peterhofgasse

Künstlerischer Besuch

Die Kurlisten – das Who is Who von Baden

Wenn ein zahlender Gast länger als fünf Tage in der Stadt verweilte, musste sein Quartiergeber dessen Anwesenheit mit Name, Stand und Herkunft dem Stadtmagistrat melden. Ab 1805 wurden diese Listen ausgedruckt und gegen ein geringes Entgelt abgegeben. Wollte man also in Baden „Promis schauen", wusste man auf diese Weise immer, nach welchen Größen aus Kultur, Wirtschaft und Gesellschaft man Ausschau halten musste.

Ein wahrer Krautesel

Wolfgang Amadeus Mozart (1756–1791) hielt sich in Baden erstmals im Juni 1784 als Gast des kurenden Grafen Johann von Thun aus Linz auf. Im Rahmen dieses Besuchs wollte sich der berühmte Komponist der Wiener Klassik die Vorstellung seines Singspiels „Entführung aus dem Serail" am Stadttheater ansehen. Allerdings kam es am Tag der Aufführung zu einem Engpass im Orchester, weshalb einer der Schauspieler, Philipp Karl Hasenhut, selbst zur Bratsche greifen musste. Als er während der Ouvertüre am Pult saß, kam ein dem Musizierenden unbekannter kleiner Mann herbeigeeilt, ergriff das Instrument und spielte selbst mit. Danach warf er die Bratsche zur Seite und stürmte mit den Worten „Herr, Sie sind ein wahrer Krautesel" davon.

Das Haus „Zum Blumenstock“,
in dem Wolfgang Amadeus Mozart
bei seiner Gattin Konstanze fensterlte

Am nächsten Abend trafen bei einer Feier des Theaterdirektors Johann Georg Wilhelm die beiden Männer aufeinander. Mozart ging lächelnd auf den verlegenen Schauspieler und offenbar schlechten Bratschisten zu und sagte: „Ich war gestern wohl etwas unhöflich zu Ihnen, aber ich kannte Sie ja nicht, und schließlich soll der Teufel ein solches Gekratze aushalten.“

Der fensterlnde Ehemann

Später kam Mozart vorwiegend auf Besuch zu seiner Gemahlin Konstanze nach Baden, die in den Jahren von 1789 bis 1791 mehrmals in der Stadt zur Kur im Antonsbad weilte. Dabei trieb er so manchen Schabernack. Im Jahr 1791, nur wenige Monate vor seinem Ableben, beschloss er beispielsweise, durch das Fenster des Hauses einzusteigen, das Mozarts Freund Anton Stoll für Konstanze gemietet hatte (im Haus „Zum Blumenstock“, heute Mozarthof, Renngasse 4). Er wollte „Stanzerl“ im Zimmer ihres Quartiers überraschen, wenn sie vom Bade kam. Doch das Vorhaben ging gründlich in die Hose – ein junger, mutiger Leutnant namens Malfatti hatte das Eindringen des „Fremden“ aus dem Gebäude gegenüber beobachtet und eilte dem hilflosen Weibe rasch zu Hilfe. Er verschaffte sich Zutritt zu den Gemächern seiner hübschen Nachbarin und stellte den Unhold mit hartem Griff in den Nacken. Konstanze dürfte amüsiert gewesen sein.

Als Mozart sich später über den heldenhaften Retter mokierte, sagte Konstanze: „Geh’, geh’, reg dich nicht auf! Wegen so ein’ Leutnant Malfatti.“ Der eifersüchtige Gatte antwortete: „Der zu dir ins Zimmer g’stiegen ist wie ein Leporello!“ Er bezog sich dabei auf den Diener in seiner Oper „Don Giovanni“, der sorgsam vor den Türen seiner Herrschaft über deren Sicherheit wacht.

Ein Zimmer und ein Kabinettchen zu ebener Erde

Mozart lernte bei einem seiner Besuche in Baden Anton Stoll kennen, einen Lehrer und Chorregenten in der Badener Stadtpfarrkirche. Dieser wohnte mit Frau und sechs Kindern im kleinen Lehrerhaus in der Pfarrgasse 16 und bot Konstanze an, während ihrer Kur dort zu wohnen. Aus Höflichkeit stimmte sie zu, war dort aber gar nicht glücklich. Frau Mozart beschwerte sich vor allem über den Lärm, da die Fenster auf der Seite der Pfarrgasse lagen, bei der es sich damals um die Hauptverkehrsader von Baden handelte. Der fürsorgliche Gatte bat seinen Bekannten daher in einem Brief um folgenden Gefallen: 2do *bitte ich sie für meine Frau eine kleine Wohnung zu bestellen; – Sie braucht nur 2 Zimmer; – oder ein Zimmer und ein Kabinetchen. – das nothwendigste aber ist; daß es zu ebener Erde seye; – das liebste Quartier wäre mir das, welches Goldhahn bewohnt hat zu ebener Erde, beym Fleischhacker* (vermutlich Franz Heim, Pfarrgasse 6, mit Fenster zum Hof).

Ein „Ave Verum" für den Aufpasser

Der fidele Musiker Anton Stoll war angeblich jedoch nicht nur für die Unterbringung von Konstanze zuständig. Böse Zungen behaupteten, er sollte außerdem auch ein wachsames Auge auf Mozarts Gattin haben, damit sie während ihres Aufenthalts in der Kurstadt nicht mit fremden Männern anbandelte. Zum Dank erhielt er das „Ave verum" von seinem Freund. Der Musiker hat dieses Werk für seinen Verbündeten am 17. Juni 1791 in Baden in einer Dachkammer (Mozartstübchen) über dem Holzschuppen des Hauses „Zum Blumenstock" geschrieben und am 23. Juni persönlich in der Stadtpfarrkirche an der Orgel uraufgeführt. Stoll war auch im Besitz der Originalhandschrift, die sich heute in der Österreichischen Nationalbibliothek befindet.

Der zerstörte Wallfahrtsort und die verschwundenen Reliquien

Das Mozartstübchen wurde zum Wallfahrtsort, musste jedoch 1885 einem Neubau weichen. Die Tür, das Fenster und das Stiegengeländer der Dachkammer kamen in das Redoutengebäude, das damalige gesellschaftliche Zentrum der Stadt, in dem ein spätbarocker Ballsaal, Billardzimmer, Kaffeehaus, Museum sowie Lese- und Konversationsräume untergebracht waren. Für dessen Errichtung hatte im Jahr 1800 der Wohntrakt der ehemaligen Burg Baden niedergerissen werden müssen, und die Redoute wiederum fiel 1811 den Baumaßnahmen des neuen Theaters zum Opfer. Zu diesem Zeitpunkt verschwanden auch die „Reliquien".

Von dem Holzschuppen hat die Künstlerin Franziska Lauseker nach einer alten Skizze aus dem Jahre 1885 ein Bild gemalt, das sie im Juli 1910 dem Mozarthaus in Salzburg schenkte.

Neben dem Mozarthof in der Renngasse 4 erinnert die Mozartstraße an den berühmten Komponisten.

Mit Pimperl und Stoll auf Sauftour

Wenn Mozart sich in Baden aufhielt, zog er mit seinem Foxterrier namens Pimperl und seinem Freund Anton Stoll um die Häuser und trank dabei (vermutlich im Schanklokal in der Antonsgasse 15 oder im „Gebürgsweinkeller" in der Welzergasse 10) das eine oder andere Achterl Wein zu viel.

In den Briefen des Komponisten, die er aus Wien an seinen Spezi schrieb, wimmelt es nur so von derben Wortspielen und Scherzen, ebenso von Andeutungen in Bezug auf die gemeinsame Hinwendung zum Alkohol. Da heißt es beispielsweise: *liebster Stoll! bester knoll! grosster Schroll! bist Sternvoll!* Als P.S. hängte Mozart einmal einer Nachricht an seinen Saufkumpan an: *das ist der dumste Brief, den ich in meinem leben geschrieben habe, aber für Sie ist er Just recht.* Einen anderen Brief an Stoll unterschrieb er mit *ächter Freund, franz Süssmayer* (so hieß einer seiner Schüler), *Scheisdreck, Scheishäusel den 12. Juli* (1791).

Prominenter Gesangslehrer

Mozart legte in Baden den Grundstein zur Karriere einer gewissen Antonie Haradauer, geborenen Huber, aus der später eine bekannte Opernsängerin wurde. Im Alter von zehn Jahren bat das Mädchen, eine Schwägerin Anton Stolls, den großen Meister, sie in der „musischen Kunst" zu unterrichten. Der Komponist nahm diese Verantwortung sehr ernst und zitierte „Toni" bei jedem seiner Aufenthalte in Baden herbei, um sich von ihren Fortschritten zu überzeugen und ihr weitere Lieder beizubringen. Im Juli 1791 hat das Mädchen das Sopransolo bei der Aufführung der Messe „Missa brevis" in der Stadtpfarrkirche, die Mozart selbst dirigierte, gesungen.

Mozarts Liebesbriefe an Konstanze

Von Wolfgang Amadeus existieren zahlreiche Briefe, die er von Wien an seine Gemahlin nach Baden sandte (adressiert an *A Madame Constance de Mozart á Baaden, abzugeben bey* ... je nachdem, wo die Dame wohnte), in welchen er sich stets sehr besorgt zeigte. Er hoffte, *dass sein Frauerl in Baden vom Restaurateur besseres Essen bekomme, sich nach der Kur im Antonsbade nicht verkühle und in die Mannsbilder nicht zu eifrig vergaffe.*

In einem der Schreiben hieß es beispielsweise: *Liebstes, bestes Weiberl, gib auf deine Gesundheit acht und gehe mir nicht zu Fuß in die Stadt* (Konstanze litt an geschwollenen Beinen). Oder: *Ich bitte Dich aber, ja nicht in das Kasino* (Kaffeehaus mit illegalem Glücksspiel an der heutigen Adresse Hauptplatz 16, Sparkassengebäude) *zu gehen. Primo: ist [da] diese Compagnie – Du verstehst mich wohl! Und secundo: tanzen könntest Du ohnedies nicht. Und zuschaun? Das ist besser, wenns Mannerl dabei ist ...*

Ein anderes Mal erstattete er Bericht: *Wo ich geschlafen habe? – zu Hause versteht sich. Ich habe recht gut geschlafen, nur haben mir die Mäuse rechtschaffen Gesellschaft geleistet, ich habe ordentlich mit ihnen discutirt.*

Besonders rührend ist folgende Textstelle in einem weiteren Brief: *Du kannst nicht glauben, wie mir die ganze Zeit her das Herz bang um Dich war. [...] Es ist eine gewisse Leere, die mir halt wehe tut; [...] Wenn ich denke, wie lustig und kindisch wir in Baden beisammen waren und welch traurige, langweilige Stunden ich hier verlebe!*

Ludwig van Beethovens Wohnung im Magdalenenhof

Die Quartiere des Herrn Beethoven

Ludwig van Beethoven (1770–1827) besuchte Baden von 1807 bis 1825 regelmäßig im Sommer oder Herbst, stets mehrere Wochen lang. Der große Komponist der Wiener Klassik wohnte dabei im ehemaligen Johannesbad (heute Kreativzentrum „Theater am Steg") und an den heutigen Adressen Weilburgstraße 11, Rathausgasse 10 (Museum Beethovenhaus), Braitnerstraße 26 (Schloss Braiten), Antonsgasse 4 (1822 Gasthof „Zum Schwan"), Frauengasse 10 und zuletzt in der Pelzgasse 22 (Villa Gutenbrunn). Besonders gerne hielt er sich bei schönem Wetter außerdem im Pavillon der Parkanlage von Schloss Braiten (Elisabethstraße 12) auf, dessen damals noch freie Aussicht nach Süden ihn zu Skizzen seiner Klaviersonate op. 101 inspirierte.

Die „Badener Zeitung" stellte in ihrer Ausgabe vom 7. Dezember 1912, allerdings die Behauptung auf, dass Beethoven wahrscheinlich bereits im Jahr 1803 die Kurstadt in das Repertoire seiner Sommersitze aufgenommen hatte. *Hier gebrauchte er die warmen Quellen, trank das mineralische Wasser und hier erwachte seine große Liebe für jenes Wienerwald-Szenarium, das auch später Raimund nicht lassen konnte, weil dieser schöne Boden eine mächtige Zauberkraft für Beide hatte, daraus sie Stoff, Stimmung und Weihe zogen, so oft ihr Fuß ihn betrat.*

Innenhof des Magdalenenhofs

Der große Künstler, ein Pfennigfuchser

Ein wenig genörgelt hat Beethoven öfter über die Preise, die er in Baden bezahlte, etwa für die Wohnung im Magdalenenhof (Frauengasse 10) im Jahr 1822 pro Tag 2 Gulden 45 Kreuzer (umgerechnet und in Relation gesetzt etwa 45 Euro). In einem Notizbuch notierte er außerdem: *22 kreuzer für Haidn (!) und mich chokolade, 29 kreuzer für Mittagsessen, Abends bei Swieten gegessen, einen 17ner trinkgeld, dem Hausmeister fürs aufmachen 4 kreuzer, 2 Ducaten Petschaft, mittagsessen 36 kreuzer, mittags und Abendessen 59 kreuzer.* Da sich der große Meister oft in Geldnot befand, hat er offenbar jede Ausgabe fein säuberlich aufgeschrieben. Einige der Rechnungen kritzelte er auch auf die Fensterläden seiner gemieteten Wohnungen, wenn er kein Papier zur Hand hatte. Die hat so mancher Vermieter, beispielsweise der Kupferschmied Bayer, dann für teures Geld an deutsche Kurgäste verkauft.

Ein Mann mit Herz

Am 27. Juli 1812 beschädigte ein Stadtbrand einige Gebäude im Zentrum von Baden und richtete größere Schäden in den Vorstädten an. Ludwig van Beethoven veranstaltete daraufhin am 6. August mit dem Geiger Giovanni Battista Polledro ein Konzert im Hotel Pupp im tschechischen Kurort Karlsbad, in dem er sich zu dem Zeitpunkt gerade aufhielt. Er wollte mit den Einnahmen aus dieser Veranstaltung die Einwohner „seiner" Kurstadt finanziell beim Wiederaufbau unterstützen. In einem Brief an den Badener Bürgermeister zeigte er sich später enttäuscht darüber, dass nicht mehr Geld bei seinem Benefizkonzert zusammengekommen war. Trotzdem konnten dank der Unterstützung des Komponisten alle Brandschäden beseitigt werden.

Inkognito der etwas anderen Art

Dem großen Künstler hatte es vor allem die wunderschöne Natur im Helenental angetan. Dort soll er stundenlang, oft mit zerrissenem Gewand, brummelnd und wild gestikulierend, spazieren gegangen sein. Im Sommer wanderte er nur mit einem Hemd bekleidet und hatte einen Stock geschultert, an dem sein Gehrock hing. In einem Skizzenbuch hielt er seine Ideen und musikalischen Eingebungen fest, und oft verlor er sich dermaßen in seinen Gedanken, dass er sich verirrte und nur mehr schwer in sein Quartier in der Stadt zurückfand. Einmal soll Beethoven (laut Aufzeichnung eines Zeitgenossen) seinem Hut, den ihm der Wind vom Kopf geweht hatte, von Baden bis Bad Vöslau nachgelaufen sein. Struppig, verstaubt und halb verdurstet wurde er dort als Strolch aufgegriffen und auf die Wachstube gebracht, wo ihn sein Freund, der Zeichner und Kupferstecher Blasius Höfel, später abholte.

Am Wegerl im Helenental markiert heute der Beethovenstein das angebliche Lieblingsplatzerl des Komponisten (nach einer Strecke von etwa 20 Minuten stadtauswärts).

1821 schrieb der Komponist über seine frühmorgendlichen Spaziergänge am 10. September seinem Verleger Tobias Haslinger: Mein Gehör plagt mich hier nicht. Ist es doch, als ob jeder Baum zu mir spräche auf dem Lande.

Kopflos und ohne Hut

Beethovens Auftritte mit Wirten und Vermietern waren ebenso legendär wie seine Wutausbrüche und seine Zerstreutheit.

Einmal kam der Komponist im Jahr 1821 ohne Hut zur Hausfrau, um eine Wohnung in der Rathausgasse zu mieten, als ein Kellner des nahe gelegenen Wirtshauses „Zum Schwarzen Adler“ (Rathausgasse 11, ehemaliger Gamingerhof) samt Polizeiwachmann im Haus erschien, um nachzufragen, warum der Gast seine Zeche nicht bezahlt, dafür seine Kopfbedeckung hinterlassen hatte. Beethoven musste sich mit aufs Rathaus (seit 1549 an der heutigen Stelle) nehmen lassen, wo das Missverständnis rasch behoben werden konnte. Der Musiker eilte flugs zurück zu seinem Quartier und wollte auch sogleich sein Zimmer beziehen, doch die Hausfrau wies ihn darauf hin, dass er ihr noch kein Geld dafür gegeben hatte. Davon war Beethoven erst nach einem lauten Streit und anschließendem Blick in seine Börse überzeugt, wo sich der Zehn-Gulden-Schein befand, den er schon bezahlt zu haben glaubte.

An Beethoven kamen nicht einmal die Habsburger vorbei

Während einer seiner Spaziergänge früh am Morgen begegnete der Komponist nahe der Weilburg einigen Habsburgern. Beethoven wollte den schmalen, trockenen Pfad im Wald nicht verlassen, so dass sich die Mitglieder der herrschaftlichen Familie gezwungen sahen, ins taufeuchte Gras zu steigen, um auszuweichen. Kaiser Franz II./I. soll dabei geäußert haben: „An solche Leute muss man sich erst gewöhnen!“

Arbeit, Diät und Freundschaften

Im Haus des Kupferschmieds Johann Bayer in der Rathausgasse 10, im Eckzimmer des ersten Stockes, vollendete Ludwig van Beethoven im Jahr 1823 seine 9. Sinfonie mit dem Chorfinale zu Friedrich Schillers Gedicht „An die Freude", die er König Friedrich Wilhelm III. von Preußen widmete. Das Thema dieses letzten Satzes ist die Grundlage der Europahymne, eines der Symbole der Europäischen Union und des Europarates, die somit in Baden entstanden ist. Die Sinfonie drückt den Kampf eines Menschen aus, der sich nach den Mühen und Plagen des Lebens nach dem Tag reiner Freude sehnt, der ihm jedoch nicht beschieden ist. Beethoven selbst kam im Jahr 1823 recht lädiert mit „zugrunde gerichtetem Unterleib" und einem hartnäckigen Augenleiden an und musste während seiner Arbeit an den Notenblättern strenge Diät halten. An seiner Seite war in dieser Zeit sein treuer Freund Karl Czerny, der im Sauerhof wohnte und sich um den kranken Künstler kümmerte. Außerdem erhielt er in diesem Jahr Besuch von Carl Maria von Weber, den er kumpelhaft mit den Worten „Da bist du ja, du Kerl, du bist ein Teufelskerl, grüß dich Gott!" empfing, obwohl er den Musiker vorher noch nie gesehen hatte. Weiter traf Beethoven in diesem Jahr auch einen seiner Lieblingsschüler in Baden, Erzherzog und Kardinalerzbischof Rudolf, einen Bruder von Kaiser Franz II./I., dem der große Künstler auch zahlreiche Werke widmete und der 1831 in Baden starb.

Die vollgekritzelte WC-Tür

Eine weitere Geschichte erzählte eine Dame, eine Zeitgenossin des großen Komponisten, Hermann Rollett, der diese dann in den „Blättern für Musik, Theater und Kunst“ niederschreiben ließ (Ausgabe vom 13. Jänner 1871).

Besagte Dame wohnte im Haus auf der gleichen Etage wie der Komponist und wollte den „Abort“ besuchen, fand ihn jedoch verschlossen vor. Nach einer Viertelstunde klopfte sie ungeduldig, worauf ein mürrisches „Nu, nu! Ich komme schon!“, ertönte. Als Beethoven aus dem winzigen Kämmerchen mit dem WC trat, sah die Frau, dass die Innenseite der Tür komplett mit Linien und Noten bekritzelt war.

Der Bäckermeister Franz Höffer berichtete Rollett, dass er mit dem damaligen, selbst sehr musikalischen Bürgermeister von Baden, Johann Nepomuk Trost, auf Souvenirjagd ging, sobald Beethoven aus einem Zimmer oder einer Wohnung ausgezogen war. Sie fanden mit Noten beschriebene Notizzettel, alte Schreibfedern und eigenhändig geschnitzte Wanderstöcke, die der zerstreute Künstler zurückgelassen hatte. In der Wohnung in der Grabengasse wurde sogar einmal ein *Tactirstock* vergessen.

Die Beethovengasse erinnert bis heute an den großen Komponisten. Ebenso der im Jahr 1927 anlässlich des 100. Todestages des Musikers errichtete Beethoventempel im Kurpark.

Ein störrischer Neffe und die Königin der Nacht

Ludwig van Beethoven nahm den Sohn seines Bruders Kaspar Karl van Beethoven unter seine Fittiche, eine Fürsorge, die äußerst konfliktreich ablief und in extremer Bevormundung gipfelte. Beethoven sabotierte die Pläne seines Neffen Karl van Beethoven, der mehrmals das Land verlassen wollte, um der strengen Hand seines Onkels zu entkommen. Der Komponist ließ den jungen Mann sogar von einem Freund überwachen und forderte penible Berichterstattung über den Tagesablauf und die Aktivitäten seines Neffen, den er „liebes Lumperl“ nannte. Schließlich hielt der junge Mann diese Bevormundung nicht mehr aus und versuchte sich am 31. Juli 1826 im Alter von 20 Jahren auf der Burgruine Rauhenstein das Leben zu nehmen. Karl van Beethoven hatte am Vortag seine Uhr versetzt, um sich eine Pistole kaufen zu können. Auf der Burgruine schoss er sich zwei Mal in die Schläfe, überlebte den Selbstmordversuch jedoch relativ unbeschadet.

Karls Mutter, Johanna Beethoven, starb 1868 im Alter von 72 Jahren in Baden. Ludwig van Beethoven hatte seine Schwägerin wegen ihres „unsittlichen Lebenswandels“ nie gemocht und des Öfteren, in Anspielung auf Wolfgang Amadeus Mozarts Oper „Die Zauberflöte“, als „Königin der Nacht“ bezeichnet.

Unbegründete Vorbehalte und eine glückliche Verdauung

Das Stadttheater war besonders während der Anwesenheit von Kaiser Franz II./I. und seiner Familie während der Sommermonate von 1796 bis 1834 um gute Schauspieler bemüht, sodass häufig die besten Darsteller vom Burgtheater anreisten. Als man jedoch den Schauspieler und Possendichter Ferdinand Raimund (1790–1838), der gemeinsam mit Johann Nestroy als Hauptvertreter des Alt-Wiener-Volkstheaters gilt, ankündigte, soll der Habsburger-Herrscher mit den Augen gerollt haben. Doch als Raimund im Jahr 1819 dann auf der Badener Bühne stand, zeigte sich Franz II./I. hocherfreut über die gelungene Darbietung des Künstlers und besuchte danach sogar mehrmals das Leopoldstädter Theater in Wien, um Raimund spielen zu sehen. Nach einem seiner vom Kaiser lobend erwähnten Auftritte schrieb Ferdinand Raimund in einem Brief: *Ich bringe keine bessere Laune von Baden mit, obwohl ich im „Gespenst" großen Beyfall erhalten und besonders der Kaiser und die Kaiserin außerordentlich vergnügt waren. […] Es hat viele Leute gegeben, die unaufhörlich nur auf die Miene des Kaisers, nicht auf die Komödie geschaut haben; ich darf also dem Glück dankbare Blumen streuen, daß vielleicht eine glückliche Verdauung mir den Sieg über die ernste Miene Ihrer Majestät erleichtert hat.*

Das verlorene Erinnerungsstück

Während eines Gastaufenthalts in der Kurstadt ging Ferdinand Raimund mit seiner Dauerverlobten Antonie „Toni" Wagner, die ihren Freund aufgrund möglicher Don Juanerien kaum aus den Augen ließ, in den Weinbergen spazieren. Dort verlor die junge Frau eine Münze, die sie an einer Schnur um den

Hals getragen hatte – es handelte sich um ein Geschenk ihres Bräutigams. Erzeugt wurde die Medaille im Jahr 1826 von dem Künstler Joseph Lang als Anerkennung für das in diesem Jahr von dem Künstler geschaffene Stück „Der Bauer als Millionär". Sie zeigte das Portrait Raimunds mit der Namensunterschrift.

Die beiden hielten stundenlang Ausschau nach der Münze, konnten sie jedoch nicht mehr wiederfinden. Nach Raimunds Tod suchte Toni die Badener Weinberge erneut nach dem Erinnerungsstück ab – vergeblich. Erst 70 Jahre später fand ein Hauer die Raimund-Medaille in der Erde auf seinem Weinberg und verkaufte sie teuer an einen Sammler.

Wenn die Todesvorahnung plagt

Wenn Raimund in Baden gastierte, blieb er meist mindestens einen Monat in der liebgewonnenen Stadt. Er baute auch in einigen Dialogen und Couplets (Gesangseinlagen) seiner Stücke Anspielungen auf Baden ein.

Folgende Anekdote findet sich in den „Memoiren des patriotischen Volks- und Theaterdichters Karl Meisl" (Hrsg. Franz Ullmayer, Wien 1868): *Kurze Zeit vor seinem Tod hielt sich Raimund im Badener Theater auf, in dem sein Stück „Der Alpenkönig und der Menschenfeind" aufgeführt wurde. Er war während der Vorstellung sehr unruhig, brummte Unverständliches und fuhr sich ständig unwirsch durchs Haar. Der anwesende Direktor fürchtete bereits herbe Kritik vom Meister. Jedoch erhob sich Raimund nach der Aufführung, ging zur Bühne und lobte die Darsteller. Auf die Frage hin, wie es ihm gehe, antwortete er: „Schlecht geht's mir, miserabel. Alles, was ich anschaue, ist mir zuwider. Ihr werdet sehen. Meine Herren, der alte Komödiant hat fast ausgespielt. Ich steh' schon auf der letzten Szene, bald wird der Vorhang fallen! Ich werd' bald oben oder bei dem schwarzen Herren da drunten ein ewiges Engagement erhalten."*

Ein übereilter Selbstmord

Nur wenige Wochen nach der Verkündung seiner düsteren Vorahnung im Stadttheater Baden versuchte sich Raimund auf der Reise von Gutenstein, wo er ein Landhaus besaß, nach Wien zu erschießen. Sein Hund, von dem er fälschlicherweise annahm, er wäre tollwütig, hatte ihn gebissen und er war auf dem Weg zu seinem Arzt. Auf der langen Fahrt nächtigte der Dichter in Pottenstein im Gasthof „Zum Goldenen Hirschen" (heute Raimunds Sterbehaus am Hauptplatz), in dem er sich gegen 15 Uhr am Nachmittag vor den Augen seiner Freundin Toni zu erschießen versuchte. Raimund verstarb trotz ärztlicher Betreuung von Anton Rollett ein paar Tage später an den Folgen seiner Verletzung. Beerdigt wurde Ferdinand Raimund ohne seine Hirnschale. Diese behielt Rollett nach der Obduktion als Souvenir. Später gelangte der Schädelteil in den Besitz von Antonie Wagner, die sie bis kurz vor ihrem Tod im Strohsack ihres Bettes aufbewahrte. Nach einer weiteren Odyssee konnte sie 133 Jahre nach Raimunds Tod endlich mit seinen Gebeinen am Friedhof in Gutenstein vereint werden. Ein Gipsabguss der Hirnschale ist im Rollettmuseum ausgestellt.

Ein Aussichtstempel im Wald

Raimundstraße oder -gasse gibt es in der Stadt Baden keine, doch *vom Stadtparke (Kurpark) aus erklimmt der Asthmatiker mit vielem Schnaufen und Pfauchen die „Moritz-Ruhe", zur Erinnerung an M. G. Saphir, den Satiriker und etwas „wildrosigen" Lyriker. Nicht weit von der „Moritz-Ruhe" ist ein zweiter Aussichtstempel, der den Manen (Ausdruck aus der Kaiserzeit: Geist des Toten) Ferdinand Raimund's gewidmet ist.* Gelesen in der „Badener Zeitung", Ausgabe vom 4. August 1897.

Ein zurückgelassenes Buch im Zimmer und die Lieblingsbank

Der Schriftsteller und Dramatiker Franz Grillparzer (1791–1872), der in Wahrheit den klingenden Namen Franciscus Seraphicus trug, war seit 1865 Badener Ehrenbürger. Während seines Aufenthalts in der Kurstadt im Jahr 1818 wohnte er im Haus mit der Adresse Rollettgasse 5, das sich früher „Zum Blumengarten" nannte. Eine Gedenktafel an der Fassade des Gebäudes weist darauf hin, dass der Künstler in einem der Zimmer den Entschluss fasste, mit seiner Trilogie „Das goldene Vlies" zu beginnen (angeblich weil er in Benjamin Hederichs mythologischem Lexikon, das vom Sohn der Hauswirtin in seinem Zimmer zurückgelassen worden war, einen Artikel über die mythologische Figur Medea las). Doch die besten Ideen für das Stück ersann er auf seiner Lieblingsbank im Kurpark, links vom Musikpavillon, während über ihm die Vögel im Geäst der Kastanienbäume sangen. In der Grünanlage wurde dem Schriftsteller 1874 auch ein Denkmal gesetzt, das sich heute neben der Blumenuhr befindet. An den Aufenthalt des großen Dramatikers erinnert außerdem die Grillparzerstraße.

Das abgelegene Badehaus als Inspiration

So mancher Badener Grillparzer-Fan behauptet, dass den großen Meister der Anblick des damals in der Bergstraße neben dem Mariazellerhof in der Tiefe befindlichen schlichten Badehauses mit der Peregrini-Quelle zu den Versen in „König Ottokars Glück und Ende" inspirierte. In dem Trauerspiel heißt es nämlich: Ein ärmlich' Badehaus steht dort in der Tiefe, von Menschen abgewendet und Verkehr …

Misslungene Geisterbeschwörung

Über seine Ankunft in Baden, zusammen mit seiner kranken Mutter Maria, am 15. Juli 1818 schrieb Grillparzer am nächsten Tag in einem Brief an seinen Freund Joseph Schreyvogel: *Ich bin unter einem unglücklichen Stern geboren. Schon am ersten Tag nach meiner Ankunft in hiesiger Schlaraffenstadt regnete es unaufhörlich, so daß man keinen Schritt vors Haus tun konnte.* Am 18. Juli schickte er die Nachricht: *Ich habe an den verflossenen Tagen auf den Ruinen Rauhenstein und Rauheneck gesessen. […] Ich ward so begeistert, daß ich allen Ernstes den Geist Friedrich des Streitbaren hervorrief, aber – er blieb aus.*

Schreyvogel wiederum schrieb einem gemeinsamen Freund von ihm und dem Dramatiker: *Unser Grillparzer ist jetzt in Baden und versucht die Heilkraft des dolce far niente, welches ihm auch trefflich bekommt.* Ob sich Grillparzer wie seine Mutter in diesem Jahr bereits medizinisch behandeln ließ, ist ungewiss, seine Ärzte hatten ihm jedenfalls zur Herstellung *seiner sehr angegriffenen Gesundheit eine länger fortgesetzte Badekur* verordnet.

Kuren, dösen und schwärmen in Baden

Im Jahr 1819 und danach von 1848 bis 1871 kehrte Grillparzer immer wieder nach Baden zurück, um tatsächlich zu kuren, und wohnte in dieser Zeit häufig im Magdalenenhof (Frauengasse 10), in dem er 1818 Ludwig van Beethoven einen Besuch abgestattet hatte und von dem Haus beeindruckt gewesen war.

Außerdem bezog er Quartier in den Häusern Kaiser-Franz-Josef-Ring 39, Breyerstraße 5, Theresiengasse 10 („Metternichhof") und Kaiser-Franz-Josef-Ring 10.

Die ehemalige Trinkhalle im hinteren Bereich des Kurparks, in der sich Franz Grillparzer gerne mit dem Personal unterhielt

Er saß während seiner Aufenthalte wieder gerne auf „seinem Bankerl“ im Kurpark, wo er gelegentlich sogar friedlich eindöste. Ab und zu hielt er sich auch im Doblhoffpark auf, das berichtet die „Badener Zeitung“ in ihrer Ausgabe vom 17. Juli 1915, wo er *unter den dunkelschattigen Laubenalleen saß, wo ihn seine Schwerhörigkeit nicht der Gefahr aussetzte, umgerannt oder überfahren zu werden.*

Er besuchte außerdem mit der Familie Lind, bei der er öfter zum Essen eingeladen war, die Krainerhütte. Helene Lind berichtet in ihren Memoiren, dass der große Künstler stets sehr gesprächig und gut gelaunt gewesen war und auffallend oft von der Wiener Tänzerin und Sängerin Lori Stubel geschwärmt hatte: „Der leiseste Hauch, ihr Athem möchte ich sagen, ist noch ein Ton.“

Gäste während des Besuchs

Der Dichter Hans von Hopfen besuchte Grillparzer im Sommer 1862 in Baden und berichtete später, er habe ihm beim Eintreten in aller Freundlichkeit die Hand gereicht und ihn mit den Worten „Ich wünsche Ihnen nicht, so alt zu werden, wie ich jetzt bin“ begrüßt. Auch die Lyrikerin und Novellistin Betty Paoli, die 1894 in Baden verstarb (im Haus Albrechtsgasse 10), stattete dem Dramatiker einen Besuch ab und schrieb später in einem Brief: *Er sieht nicht besonders aus und fühlt sich nicht recht wohl […] im Übrigen ist der Alte einer der herrlichsten Menschen, die es auf der Erde gibt.*

Ein weiterer Gast in Baden war Eduard von Bauernfeld, der über die Begegnung mit dem Künstler reimend in seinem Tagebuch festhielt: *Ging mit Grillparzer spazieren, Wir gerieten ins Politisieren und Disputieren. Unfruchtbar ein Streiten zu jeder Frist, Wenn man in thesi nicht Einer Meinung ist.*

Austausch mit dem Personal

Besonders häufig im Gespräch befand sich Franz Grillparzer nach seinem Spaziergang durch den Park, den Kopf sinnierend vorwärts gerichtet und in Gedanken verloren, mit Antonie Seidl. Die Dame arbeitete als Verkäuferin in der Trinkhalle im hinteren Bereich des Parks, die der Dramatiker bei sehr heißem Wetter sowie bei Regen gerne aufsuchte. Er saß dann mit einem Buch in der Hand (Zeitungen schätzte er nicht) auf einer Bank am oberen Ende der Halle, Mineralwasser trinkend, machte Notizen in einem kleinen Heftchen oder plauderte mit dem Personal. Frau Seidl berichtete, dass er ihr von den Lippen ablesen musste, weil sie nicht laut sprach und er bereits schwerhörig war. Er erzählte ihr unter anderem, dass er die Parkfeste wegen des Trubels verabscheue und bat sie um Rat, wohin er an diesen Tagen ausweichen könnte, woraufhin ihm die Verkäuferin den Doblhoffpark empfahl. Einmal haben sie übers Heiraten gesprochen, was Grillparzer zu der Bemerkung veranlasste: „Früher waren Hindernisse vorhanden und jetzt bin ich schon zu alt."

Satirische Kipfel

Sein Wortwitz, aber auch seine sarkastische Schärfe machten den Schriftsteller und Satiriker Moritz Gottlieb Saphir (1795–1858) zum gefürchtetsten Kritiker des Vormärz. Er hielt sich 1848 in Baden auf, wo er als Vorsitzender eines revolutionären Schriftstellerverbands die Beruhigung der Verhältnisse während der Unruhen zu dieser Zeit abwartete. Später verfasste er für die Zeitschrift „Der Humorist" satirische Artikel mit dem Namen „Badner Kipfel". So schrieb er beispielsweise am 6. Oktober 1857: *Am 1. Oktober fallen den Badnern die Gäste wie Steine von den Herzen; das Beste was sie an ihnen lieben, haben sie dagelassen: die Groschen und Gulden.*

Im Sommer 1858 reiste er zur Kur an und schrieb am 21. Juli an einen Freund: *Hier sitze ich und liege krank; stehe mit einem Fuße im Grabe, gehe mit dem andern dem Tode entgegen.* Moritz Gottlieb Saphir verstarb nur wenige Wochen später im Haus Kaiser-Franz-Ring 11 (heute Tanzschule Schüch) mit den Worten: „Jetzt ist's aus, ich muss fort".

Mit Freuden erbötiger Schwerenöter

Moritz Gottlieb Saphir wurde in Baden ein Aussichtstempel im oberen Bereich des Kurparks gewidmet.

Dazu äußerte sich der Schriftsteller in der Zeitung „Der Humorist" (Ausgabe vom 13. Juli 1857) wie folgt: *Er ist, seiner reizenden Lage halber, bald ein Lieblingspunkt des Publikums geworden. […] Ich bin mit Freuden erbötig, jedem Kurgast, insbesonders jeder Dame, diesen Pavillon öffnen zu lassen.*

Die seltsamen Bekanntschaften des Franz Gräffer

Ein guter Bekannter des Schriftstellers Moritz Gottlieb Saphir war der Autor, Bibliothekar und Verleger Franz Gräffer (1785–1852), der bis 1821 in Baden wohnte und danach seinen Freund Saphir häufig in der Kurstadt besuchte. Gräffer kannte außerdem auch Francesco Casanova, den Bruder von Giacomo Casanova, bei dem er häufig in dessen Landhaus in Mödling zu Gast war. Ein weiterer Freund von dem Verleger soll der Graf von Saint Germain gewesen sein, ein Alchemist, Okkultist und Hochstapler, der sich als Wiedergänger bezeichnete – das ist ein Mensch, der ewig lebt und quer durch die Geschichte immer wieder auftaucht. Es heißt, dass dieser mysteriöse Adelige auch einmal in Baden aufgetaucht ist, um sich danach auf den Weg zum Himalaya zu machen.

Ein vor den Kopf gestoßenes Komiker-Kleeblatt

Mitte August 1851 gastierten Johann Nestroy, Alois Grois und Wenzel Scholz als Komiker-Trio im Stadttheater Baden. Bei den drei Schauspielern handelte es sich um Mitglieder des legendären Wiener Carltheaters unter der Leitung von Carl Carl. Die Aufführung des Stücks „Mein Freund", verfasst von dem Possendichter und Schauspieler Johann Nestroy (1801–1862), fand vor gedrängt vollem Haus zugunsten des Armenspitals statt. Ein weiteres Mal hätte das Trio in Baden ein paar Monate später auftreten sollen, doch da lief alles schief: die Herren wurden vormittags am Bahnhof nicht empfangen, es stand kein Diener bereit, es war kein Zimmer reserviert, nach der Probe wurden sie alleine ins Wirtshaus geschickt … sodass das Komiker-Kleeblatt, zu jenem Zeitpunkt vermutlich nicht mehr zum Scherzen aufgelegt, nachmittags zum Bahnhof zurückmarschierte und nach Hause fuhr.

Nestroys Seitenhieb auf den Adel

Der große Possendichter hat die Stadt Baden in zahlreichen Couplets (Gesangseinlagen) erwähnt, wenn von einem noblen Ausflug oder einer heimlichen Landpartie eines Liebespaares die Rede war. Dabei bezog er sich stets auf die herrliche romantische Natur der Gegend. Nestroy hat laut Zeitzeugen zur Entspannung auch selbst die eine oder andere private Sonntagsfahrt in die Kurstadt unternommen.

In der Adelssatire „Liebesgeschichten und Heurathssachen“ lässt er Vincelli sagen: „Das kostet mich zehn Jahre von meinem Leben. Die Gemeinheit dieses Menschen hat mir völlig die Glieder verrenkt – ich bin dem Ersticken nahe, ich muss Blut lassen, in Dampfbädern schwitzen, Brunnen trinken …“. Diese Passage stellt einen kleinen Seitenhieb Nestroys auf die Freizeitgewohnheiten des Adels dar, die in Heilbädern wie Baden „entstressten“.

Scharfsinnige Spitzfindigkeiten

Im „Badener Bezirksblatt“ vom 22. April 1884 wurde Nestroy zitiert – vermutlich im Zusammenhang mit einem Streit unter Kumpels oder Nachbarn: *An den etwas erregten „Auch-Badener“: Aerger als ein altes Weib ist ein Mann, der ein altes Weib ist.*

„Die Fledermaus“ spielt in Baden

Der Walzerkönig Johann Strauss Sohn (1825–1899), an den in Baden die Johann-Strauss-Gasse erinnert, wohnte 1876 im Wirtshaus „Zum Schwarzen Adler“, in dessen prächtigem Gastgarten er Konzerte veranstaltete. Im selben Jahr dirigierte der Komponist und Kapellmeister im Stadttheater sein Werk „Die Fledermaus“ zugunsten der Opfer eines Brandes im Nachbarort Sooß. Es deutet viel darauf hin, dass die genannte Operette in Baden (im Werk bezeichnet als „Badeort in der Nähe einer großen Stadt“) spielt. Es werden unter anderem die illustre Gesellschaft der Stadt und deren namhafte Mitglieder beschrieben – beispielsweise ist die Rolle des Gerichtsdieners Frosch ganz deutlich an die Person des damaligen Stadttheaterdirektors Alfred Schreiber angelehnt. Außerdem kommt in dem Stück ein Hotel „Zum Goldenen Löwen“ (Weilburgstraße 1) vor, in dem Strauss am 26. Mai 1878 am Tag vor seiner zweiten Hochzeit mit seiner Braut Quartier nahm.

Eine Affäre wird die zweite Frau Strauss

Im Jahr 1877 logierte der große Meister im Hotel „Grüner Baum“ in der Renngasse 2 (heute Rheuma-Sonderkrankenanstalt der Bauern), was ein Eintrag am 3. August in der „Badener Curliste“ beweist, in der „Herr Johann Strauss, k. k. Hofballmusik-Direktor, mit Gemahlin, Kammerfrau und Kammerdiener, aus Hietzing bei Wien“ aufscheint. Trotz Gattin Henriette an der Seite, dürfte Johann Strauss in diesem Jahr eine Affäre mit der im Gartentrakt des Hauses Frauengasse 8 logierenden Sängerin Angelica Dittrich begonnen haben, die dann nur sieben Wochen nach dem Tod seiner „Jetty“ im Jahr

1878 die zweite Frau Strauss wurde. 1880 erwarb der Komponist ein Landgut in Schönau und kam nur noch selten auf Kurzbesuch nach Baden. Beispielsweise dirigierte er am 6. August 1883 eine Benefizvorstellung im Stadttheater zugunsten der Opfer einer Brandkatastrophe in Ischia (Italien). Der Reinerlös der Johann-Strauss-Operette „Der lustige Krieg" betrug stolze 591 Gulden und 75 Kreuzer.

Die „peinliche Affäre" des Operettenkomponisten

Carl Zeller (1842–1898) war Jurist und komponierte nebenberuflich sehr erfolgreich Operetten wie „Der Vogelhändler" oder „Obersteiger". 1896 wurde er bereits als schwerkranker Mann in einen Rechtsstreit verwickelt und ab diesem Zeitpunkt von der Öffentlichkeit nur noch mit dieser „peinlichen Affäre" und dem damit verbundenen Kriminalprozess in Verbindung gebracht. 1897 hat ihn das Oberlandesgericht wegen Ablegens eines falschen Eids zu einer Strafe von einem Jahr „schwerer Kerker" verurteilt, die er aufgrund seiner zahlreichen Leiden wie Muskelschwund, Körperlähmung und eingeschränkter Lungenfunktion nicht verbüßen musste. Zeller verstarb im selben Haus wie 15 Jahre später der Cellovirtuose David Popper, nämlich in der Pension Zellerhof (Kaiser-Franz-Ring 9), deren späterer Pächter ebenfalls den Namen Zeller trug. Heute befinden sich in dem Gebäude die Badener Stadtbücherei (die 1940 mit 3.000 Büchern und 22.332 Entlehnungen eröffnet wurde) und das Standesamt.

Das Café Scheiner, vorher Café Schopf,
in dem der Dramatiker Arthur Schnitzler Poker spielte

Die nächtlichen Pokerspiele des Arthur Schnitzler

Arthur Schnitzler (1862–1931), als Dramatiker und Erzähler einer der bedeutendsten Vertreter der literarischen Wiener Moderne, kannte Baden durch Ausflüge mit der Familie seit Jugendtagen. Einige seiner Werke spielen daher in der Kurstadt, etwa die Tragikomödie „Das weite Land" sowie die Novelle „Spiel im Morgengrauen", in der Schnitzler unter anderem eine Szenerie im Hinterzimmer des Lokals „Café Schopf", vorher „Café Scheiner" (Ecke Weilburgstraße/Peterhofgasse), beschreibt. Er selbst hat während seiner Aufenthalte in Baden in eben jenem Café, das sich täglich spät abends in eine Art Nachtclub verwandelte, einige Male gepokert – und meistens verloren.

Gewohnt hat Schnitzler während seiner Aufenthalte meist im „Julienhof", der sich an der Ecke Kaiser-Franz-Ring/Welzergasse befand. Gewidmet ist dem Dichter der Arthur-Schnitzler-Park beim Bahnhof.

Umarmungen und Ohrfeigen

Im Mai 1891 fuhr Schnitzler zu einer seiner vier Geliebten, Theaterschauspielerin Marie Glümer, genannt „Mizzi", nach Baden, da die Künstlerin ein Engagement in der Kurstadt angenommen hatte. In sein Tagebuch schrieb Schnitzler: *Spaziergang nach Pfaffstätten. Genachtmahlt mit ihr und ihrem Bruder. Es war sehr schön.*

Unter anderem spielte Mizzi die Alma in dem Stück „Die Ehre" und musste dabei in einer Szene im Unterrock auftreten, was dem eifersüchtigen Dichter schwer zu schaffen machte. Er hielt sich daraufhin im Sommer 1891 sicherheitshalber fast täglich in Baden auf und unternahm viele Ausflüge mit seiner Geliebten. Laut Zeitzeugen gab es zwischen den beiden ungezählte Umarmungen sowie zwei Ohrfeigen. Am 17. August notierte Schnitzler: *Als ich mit bösem Blick auf die Bühne sah, stampfte sie, verlangte durch Blick ein Lächeln. … Nach dem Theater: „Das darfst du nicht mehr thun. Ich habe schrecklich gelitten. – Stehe da unter lauter Leuten, unter die ich nicht gehöre, und da unten sitzt mein Engerl, mein Trost, mein Alles und schaut mich so an." […] Dieses Geschöpf peinigt mich. Wenn sie die gütige ist, ist sie mir am widerlichsten …*

Der musische Blumenzüchter

Der Operettenkomponist Karl Millöcker (1842–1899) verbrachte ab dem Jahr 1887 jeden Sommer in Baden. 1881 wohnte er im „Schwarzen Bock" (Pergerstraße 12), arbeitete dort an seinem Stück „Der Bettelstudent" und schloss in den Räumlichkeiten des Hotels auch die Vertragsrechte dafür ab. Nachdem der Künstler im Jänner 1892 einen leichten Schlaganfall erlitten hatte, zog er mit seiner späteren Ehefrau in ein Hauerhäuschen nahe der Weilburg (Albrechtsgasse 6) und widmete sich in dessen Garten der Aufzucht tropischer und mediterraner Pflanzen. Dort schrieb Millöcker auch die Musik zu seinen beiden letzten Operetten. Im September des Jahres 1899 beschloss der Künstler, nicht mehr nach Wien zurückzukehren, und quartierte sich über den Winter in einem Haus nahe dem Bahnhof ein (Conrad-von-Hötzendorf-Platz 8). Dort verstarb er im Morgengrauen des 31. Dezember desselben Jahres nach einem weiteren Schlaganfall.

An den Komponisten erinnert in Baden die Millöckergasse.

Der Sturz in den Souffleurkasten

In seinem Buch „Meine sämtlichen Werke. Der Wortbruch“ (Rowohlt Verlag, Berlin 1937) erzählt der Schauspieler und Sänger Leo Slezak (1873–1946) im Kapitel „Unerfreuliches“ folgende Geschichte über seinen Gastauftritt in Baden: *Nirgends im Leben ist der Mensch Unfällen und Katastrophen so leicht ausgesetzt wie auf dem Theater. Es gibt Vorstellungen, in denen die Tücke des Objektes Orgien feiert und einfach alles schief geht. […]*

Ich gab in Baden bei Wien ein Konzert. – Dieses war vorüber. Die faszinierte, mit berechtigter Begeisterung bis zum Platzen geladene Menge kreischte mich vor den Vorhang, der unglücklicherweise das Loch des Souffleurkastens bedeckte, so, daß ich ahnungslos hineintrat. Zwar nur mit einem Fuß. – Aber, ich konnte nicht mehr heraus. – Ich erwog schon den Gedanken, den zweiten Fuß nachzuziehen und einfach durch den Kasten abzugehen. Aber mit geübtem Blicke konstatierte ich, daß ich, mit meinem Körperumfang, nie im Leben durch diese Öffnung durchgekommen und rettungslos steckengeblieben wäre. Heroisch fasste ich den Vorhang und zog mich an ihm hoch. – Im Nu war ich draußen und alles löste sich in Wohlgefallen auf. […] Nur eine Abschürfung am Schienbein ist mir zur Erinnerung geblieben.

Baden in Zweig-Novellen

Der bekannte Schriftsteller Stefan Zweig (1881–1942) hatte ebenfalls eine ganz besondere Beziehung zu Baden. Auch handeln zahlreiche seiner Novellen, beispielsweise „Der letzte Traum", „Verwirrende Finsternis" oder „Brennendes Geheimnis", teilweise in der Kurstadt. In seiner Autobiographie mit dem Titel „Die Welt von Gestern" erzählt er unter anderem von seinen Aufenthalten in Baden im Jahr 1914: *Heute noch, wenn ich das Wort Sommer ausspreche, muß ich unwillkürlich an jene strahlenden Julitage denken, die ich damals in Baden bei Wien verbrachte. Ich hatte mich zurückgezogen, um in diesem kleinen romantischen Städtchen, das Beethoven sich so gerne zum Sommeraufenthalt wählte, […]. In Baden ist es nicht nötig, das kleine Städtchen zu verlassen, um der Landschaft sich zu erfreuen. Der schöne, hügelige Wald dringt unmerklich zwischen die niederen biedermeierischen Häuser, die die Einfachheit und Anmut der Beethovenschen Zeit bewahrt haben. Man sitzt in Cafés und Restaurants überall im Freien, kann sich je nach Belieben unter das heitere Volk der Kurgäste mengen, die im Kurpark dort Korso abhalten oder sich auf den einsamen Wegen verlieren.*

Der Schmuck in der Windel

Die Mezzosopranistin Rosette Anday (1903–1977) wohnte kurz nach Kriegsende im Herzoghof und erlebte in der Kurstadt den Einmarsch der Russen. Da sie einige wertvolle Schmuckstücke mit sich führte, wollte sie die Ringe, Ketten und Broschen verstecken und bat eine Badenerin um Hilfe. Diese packte die Juwelen in die Windel ihrer kleinen Tochter, die auch prompt während dieser Zeit ihr großes Geschäft erledigte.

Jahre später gastierte die Künstlerin mit den ungarischen Wurzeln erneut in der Stadt und trat im Theater im Stück „Evangelimann" auf. Sie erkannte in einer der Zuschauerinnen ihre Verbündete von damals und umarmte sie herzlich. Die Badenerin befand sich in Begleitung ihrer Tochter, Helga Mausser-Voll, und stellte diese Rosette Anday mit den Worten vor: „Und das ist die Kleine, die damals auf deinen Schmuck gekackt hat!"

Helga Mausser-Volls Vater, Robert Voll, besaß eine Garage mit Kfz-Reparaturservice in der Grabengasse 25, in der die Prominenz von Baden ein und aus ging. Ihr Großvater, Rupert Voll, eröffnete 1918 in Baden die erste Shell-Tankstelle zwischen Wien und dem Semmering, inklusive Werkstatt (Instandsetzung von Autos und landwirtschaftlichen Maschinen) in der Wienerstraße 79.

Der schimpfende Komiker

Auch der deutsche Schauspieler Theo Lingen (1903–1978) besuchte die Kurstadt, und zwar im Jahr 1936 oder 1937, mit seiner Gattin Marianne Zoff, die in erster Ehe mit dem Dichter Bertolt Brecht verheiratet war. Und eben diese Gattin wäre in Baden beinahe schwer gestürzt, als sie mit dem Stöckel eines Schuhs in den Gleisen der Badener Bahn am Josefsplatz stecken blieb. Und was tat ihr Ehemann, der in diversen Filmen als charmanter humorvoller Gentleman auftrat? Er schimpfte wie ein Rohrspatz über die Ungeschicklichkeit seiner Gattin!

Ein Komplettabsturz im Filou

Traurige Berühmtheit erlangte Baden mit dem Aufenthalt des deutschen Schauspielers, Entertainers und Sängers Harald Juhnke (1929–2005), der mit einem Alkoholexzess und Komplettabsturz endete, von dem sich der Künstler nicht mehr erholte.

Anfangs galt Juhnke noch als Gesellschaftstrinker, die Katerstimmung nach Feiern mit Kollegen wurde zur Alltäglichkeit. Dann ereilte den Sänger ein schwerer Schicksalsschlag: Seine Tochter litt an einer unheilbaren Schädigung des Rückgrats und starb 1955 im Alter von 14 Monaten. Juhnke entwickelte sich daraufhin zum Problemtrinker, erholte sich aber auch davon wieder und hatte die Krankheit im Griff. Im Juli 2000 reiste er ohne seine zweite Ehefrau Susanne, die ihm immer eine große Stütze war, nach Baden zu anstehenden Dreharbeiten. Als geplanter Partner von Otto Schenk machte sich Juhnke bereits vorab Sorgen, zu versagen und seinen Text zu vergessen. Der Künstler setzte sich abends alleine an die Hotelbar und betrank sich mit Whisky, fuhr um drei Uhr morgens mit einem Taxi in eine Bar (Filou, Braitner Straße 33) und kehrte erst um sechs Uhr morgens zurück. Er erlitt am nächsten Tag einen Zusammenbruch und konnte nicht mit den Dreharbeiten beginnen. Er wurde in eine Schweizer Klinik gebracht, in der ihm aufgrund jahrelangen Alkoholmissbrauchs nicht mehr geholfen werden konnte. Juhnke landete schließlich im Jahr 2001 in einem Pflegeheim, in dem er vier Jahre später verstarb.

Weitere Künstler, die sich hin und wieder in Baden aufhielten, teilweise hier wohnten oder in der Stadt gastierten: die Musiker Christoph Willibald Gluck, Wenzel Müller (Wenzel-Müller-Gasse), Carl Maria von Weber, Franz Schubert (Schubertgasse), Joseph Lanner und Johann Strauss Vater (Lanner- und Strauss-Denkmal im Kurpark), Felix Mendelssohn Bartholdy, Franz Liszt und Heinrich Strecker („Villa Strecker", Marchetstraße 76), die Dichter Joseph von Eichendorff, Friedrich Hebbel, Ludwig Anzengruber (Ludwig-Anzengruber-Gasse) und Peter Rosegger (Roseggerstraße), die Maler Albert Paris Gütersloh und Arnulf Rainer sowie die Schauspieler Rosa Albach-Retty und Hans Holt (verstarb 92-jährig im Hilde-Wagner-Künstlerheim in Baden).

Nach einigen der genannten berühmten Musiker, Dichter und Schauspieler wurden in Erinnerung und als Würdigung ihrer Leistung zwar nicht in der Stadt, aber im Bezirk Baden Gassen und Straßen benannt.

Das Schwimmbad im Doblhoffpark im Jahr 1831

Personen und Persönlichkeiten

Dichter, Denker und Doktoren

Ein höchst angesehener Name in der Stadt Baden war und ist bis heute jener der Familie Rollett, deren Mitglieder zum überwiegenden Teil Ärzte beziehungsweise Gelehrte waren. Ebenfalls sehr große Bekanntheit in der Region erlangte der Dichter, Politiker und Heimatforscher Hermann Rollett. An den Landgerichts- und Badener Kurarzt und Naturforscher Anton Rollett erinnert das Rollettmuseum (Weikersdorfer Platz 1), in dem unter anderem seine Sammlung untergebracht ist: Exponate zur Ur- und Frühgeschichte, zur Historie der Stadt Baden sowie zur Geologie, Mineralogie, Botanik und Zoologie.

Der Familie zu Ehren wurde in Baden die Rollettgasse benannt.

Der berühmte Charles von Baden

Ebenfalls prominent in Baden waren und sind bis heute die Freiherren von Doblhoff-Dier.

Anton I. von Doblhoff-Dier wurde im Jahr 1772 von Kaiser Joseph II. mit allen Nachkommen in den erbländischen österreichischen Freiherrnstand erhoben. Sein Sohn Karl, genannt

Die Jausenstation „Jammerpepi" im Winter 1925

„Charles", erbte von ihm den Titel und unter anderem die Herrschaften und Güter Rauhenstein, Rauheneck und Sauerhof (im 14. Jahrhundert als Rauberturm und im 15. Jahrhundert als Turmhof erwähnt, im 16. Jahrhundert bis 1583 im Besitz der Habsburger). Darüber hinaus befand sich in der Hinterlassenschaft das Schloss Weikersdorf, dessen Meierei der Doblhoff-Spross zur Jausenstation machte, die dafür bekannt war, köstliche Milch und Obers zu vertreiben. Der barocke Park des weitläufigen Besitzes wurde damals als Kraut- und Obstgarten genutzt. Auf dem Teich unternahmen die geladenen Besucher nach dem Flanieren und Promenieren an warmen Tagen eine romantische Bootsfahrt. Für jedermann zugänglich ist der Doblhoffpark mit seinem jahrhundertealten Baumbestand, dem Rosarium und der barocken Orangerie seit etwa 1820. Im Jahr 1831 gab es beim Teich ein Schwimmbad, im Winter wurde das Gewässer als Eislaufplatz genützt. Nach dem Ersten Weltkrieg entstand auf dem Areal ein Vergnügungspark.

Die „Jammerpepi" und ihre Jausenstation

Josepha Jammer (1808–1893), eine echte Badener Institution, verdankt ihren Spitznamen „Jammerpepi" ausschließlich ihrem Geburtsnamen und nicht ihrer Jammerei – ganz im Gegenteil, bei der Wirtin handelte es sich um ein ausgesprochen sonniges Gemüt und nettes Wesen.

Ihre Mutter betrieb im Mauthaus am Urteilstein ab 1813 eine „Kaffeeküche" (Helenenstraße 120), die Lizenz dazu erhielt sie angeblich von Erzherzog Anton persönlich, dem die Witwe und allein erziehende Mutter leid tat. Nach ihrem Tod führte Tochter Josepha den Kaffeeausschank weiter und nannte das Lokal „Zur Jammerpepi" (das Geschäftsschild ist im Rollettmuseum ausgestellt). Sie heiratete im Alter von etwa 55 Jahren den gebürtigen Bayern Pepi „Schorsch" Hörner. Er war der erste „Zahlmarqueur" (= Zahlkellner) im Café Scheiner, dem „In-Café" der Biedermeierzeit in Baden.

Bei der „Jammerpepi" verkehrten neben Kurgästen und alteingesessenen Badenern auch Angehörige der Aristokratie, die während ihrer Spaziergänge durchs Helenental bei ihr einkehrten, um ein Glas Milch oder Kaffee zu trinken. Es gab auch Limonade, Flaschenbier und Butterbrote. Die Jausenstation blieb unter dem Namen „Jammerpepi" bis in die Jahre nach 1945 in Betrieb. Das Haus ist gegenwärtig in Privatbesitz.

Die Damen auf den Billardtischen

Angeblich standen im „Scheiner" einmal Dutzende von Damen auf den Billardtischen – Schuld daran war allerdings keine Maus oder Ratte, obwohl davon sicher hin und wieder eine im Lokal auftauchte. Ein Wolkenbruch hatte alle Straßen rundherum und auch das Lokal selbst rund einen halben Meter hoch unter Wasser gesetzt.

Der unglückliche Architekt

In dem Haus am Kaiser-Franz-Ring 11, in dem Moritz Gottlieb Saphir starb, lebte für einige Zeit auch August Sicard von Sicardsburg (1813–1868). Der Architekt entwarf zusammen mit seinem Geschäftspartner und langjährigen Freund Eduard van der Nüll in Baden unter anderem das 1848 eröffnete Mineralschwimmbad (heute Restaurant und Wellness-

Bereich in der Römertherme), ein russisches Dampfbad (nicht mehr vorhanden) und für seinen Bekannten Moritz Gottlieb Saphir die Moritz-Ruhe im Kurpark (die 1985 durch ein neues Denkmal ersetzt wurde).

Sicardsburg und van der Nüll erlangten traurige Berühmtheit mit der Umsetzung ihrer Pläne für die sechs Millionen Gulden (umgerechnet und in Relation gesetzt etwa 108 Millionen Euro) teure Errichtung der Wiener Staatsoper, die schon als Rohbau kritisiert und verhöhnt wurde. Die Wiener nannten sie „in der Verdauung liegender Elefant", „steinerne Schildkröte" und „versunkene Kiste" (was größtenteils an der Niveauerhöhung der Ringstraße lang, die man aufgrund der Einebnung des Stadtgrabens hatte vornehmen müssen und die den Bau ein wenig „nach unten verschwinden" ließ). Noch vor Fertigstellung erhängte sich van der Nüll aus Gram über den Spott, Sicard von Sicardsburg erlag nur wenige Wochen später einem Herzinfarkt.

Im Mai 1869, rund ein Jahr nach dem Tod der beiden Architekten, wurde die Oper in Anwesenheit Kaiser Franz Josephs, der sich von dem Schicksal der beiden Männer sehr erschüttert gezeigt hatte, mit einer Festvorstellung von Mozarts „Don Giovanni" eröffnet. Mittlerweile war das Niveau der Fahrbahn dem Gebäude angeglichen worden und die Wiener zeigten sich begeistert von „ihrem neuen Zentrum der Kultur auf der Ringstraße".

Die Sachertorte ist eine Badenerin

Die Karriere des Konditors Franz Sacher (1816–1907) begann im Jahr 1832 an dem Tag, an dem Fürst Klemens Wenzel Lothar von Metternich seinen Chefkoch mit den Worten „Dass er mir aber keine Schand' macht heut Abend!" beauftragte, ein ganz besonderes Dessert für seine hochrangigen Gäste zu kreieren. Angeblich erlitt der Haubenmeister jedoch kurze Zeit später einen Schwächeanfall, und so musste der 16-jährige Lehrling Franz den Auftrag ausführen – so entstand der Legende nach die Sachertorte, die dem Fürsten und seinem Besuch selbstverständlich außerordentlich gut mundete.

Laut anderen Quellen erhielt der junge Mann von seinem Vorgesetzten in der fürstlichen Hofküche die Anweisung, über das Wochenende eine Gaumenfreude zu zaubern, die „den hohen Herren" erfreuen würde. Es wird vermutet, dass der Chef-Zuckerbäcker selbst keine Ideen mehr hatte und seinem Azubi das Rezept zu klauen gedachte, sollte die Nachspeise Gefallen finden. Glaubt man dieser Variante der Geschichte, weilte Franz genau an diesem besagten Wochenende mit seinen Eltern im Helenental in Baden, wo ihm die zündende Idee für die Zubereitung eines exquisiten Schokoladendesserts kam – der bis heute berühmten Sachertorte!

Das Rezept hat er natürlich nie aus den Händen gegeben und bot seine Kreation später selbst höchst erfolgreich in seinem Feinkostladen in Wien an. Die „Torte vom Sacher" war bald überall sehr gefragt und startete kurze Zeit später ihren Siegeszug um die ganze Welt.

Franz Sachers Sohn Carl hat genau an der Stelle im Helenental, an dem sein Vater sein Schokoladendessert erfand, das „Hotel Sacher" eröffnet. Der zweite Sohn, Eduard, gründete das Wiener „Sacher".

Franz Sacher besaß in Baden ein Haus in der Schlossgasse 10.

Die Hexe von Baden

Im Badener Helenental sollen einst Hexen gehaust haben, worauf Spuren auf einigen Felswänden hindeuten, unter anderem auch am Urtelstein. Beweise dafür gibt es keine, aber eine Verbindung zu einer Badenerin, die eine bedeutende Rolle in der Frauenbewegung spielte und für mehr Rechte ihrer Geschlechtsgenossinnen kämpfte: Marianne Perger, verheiratete Hainisch (1839–1936). Sie entstammte einer angesehenen Familie, deren Spuren sich noch heute in den Sammlungen des Rollettmuseums finden. Hainisch forderte unter anderem die Errichtung von Realgymnasien für Mädchen und die Zulassung von Frauen zum Hochschulstudium. Bis zum Ersten Weltkrieg arbeitete sie bei der Fürsorge und Friedensbewegung, unter anderem zusammen mit Bertha von Suttner, nach deren Tod 1914 sie die Leitung der Friedenskommission im Bund Österreichischer Frauenvereine übernahm. Ihr Sohn Michael Hainisch wurde 1920 der erste Bundespräsident der Republik Österreich. 1924 initiierte sie nach amerikanischem Vorbild den Muttertag. 1896 hielt die Frauenrechtlerin im Verein für erweiterte Frauenbildung in Wien einen Vortrag, der sich mit „Seherinnen, Hexen und die Wahnvorstellungen über das Weib im 19. Jahrhundert" befasste. Da sie sich darin wortgewandt und selbstbewusst gegen ihre männlichen Kritiker stellte, wurde sie von so manchem Zeitgenossen als „Die Hexe von Baden" bezeichnet.

Nach der couragierten und engagierten Badenerin wurde die Marianne-Hainisch-Gasse benannt, und auf dem Platz vor dem Bahnhof steht ihr Denkmal mit einem besonders gelungenen Porträt-Medaillon.

Der Kronprinzfreund und Arthurlein

Heinrich von Zeißberg (1839–1899), Historiker und Direktor der k. k. Staatsbibliothek, war der Geschichtslehrer von Kronprinz Rudolf und später einer seiner engsten Freunde. Er lebte mit seiner Familie im Haus Nr. 3 am Theaterplatz, wenn er zur Sommerfrische in Baden weilte. Im November 1874 wurde ihm der Ritterorden der Eisernen Krone dritter Klasse verliehen. Zeißbergs Tochter Elisabeth war in jungen Jahren unsterblich in Arthur Schnitzler verliebt, den sie in ihrem Tagebuch „Arthurlein" nannte und auch in Baden öfter besuchte. Allerdings musste das Mädchen im Jahr 1890 ins Karmelitinnen-Kloster nach Mayerling übersiedeln – in das Gebäude, in dem Kronprinz Rudolf ein Jahr zuvor Mary Vetsera und danach sich selbst getötet hatte (oder mit seiner Geliebten ermordet worden war).

Wie der Mercedes zu seinem Namen kam

Emil Jellinek (1853–1918), österreichisch-ungarischer Diplomat und Sohn eines jüdischen Gelehrten, verdiente seinen Reichtum in Algerien mit Tabakhandel, den er gemeinsam mit seinem Schwiegervater organisierte. Später arbeitete der Geschäftsmann für eine französische Versicherungsgesellschaft, übernahm 1884 deren neue Zweigstelle in Wien und zog im selben Jahr mit seiner Familie nach Baden. Dort ließ er nach der Geburt seiner Tochter Adrienne Manuela Ramona, genannt Mercedes, eine Villa in der Wiener Straße 45 erbauen. Ab 1898 betätigte sich Jellinek, der in Nizza ein großes Haus besaß und gute Beziehungen zur internationalen Finanzwelt und Aristokratie pflegte, auch als Automobilhändler: Er propagierte und vertrieb die Daimler-Fahrzeuge in den höchsten Kreisen der Gesellschaft und forderte von der DMG (Daimler-Motoren-Gesellschaft) bald immer stärkere und schnellere Autos. Er meldete diese auch zu Rennveranstaltungen an, bei denen er unter einem Pseudonym auftrat: Er benutzt dabei den Vornamen seiner Tochter und nannte sich „Monsieur Mercedes". So war durch die von ihm erzielten Erfolge der Begriff „Mercedes" bereits in aller Munde, als er im April 1900 zur Produktbezeichnung wurde.

Kurz vor Ausbruch des Weltkrieges überschrieb Jellinek, den man der Spionage verdächtigte, seine Badener Villa den Kindern und übersiedelte nach Genf, wohin ihm später der Rest der Familie folgte. Vom Mercedeshof in der Wiener Straße ist heute nur noch das Garagengebäude erhalten.

Dem hübschen Mädchen Mercedes wurde in Baden in Form der Hauptfigur am Undinebrunnen im Kurpark ein Denkmal gesetzt.

Die gute Freundin und gnädige Frau Schratt

Da auch im Hause Habsburg-Lothringen zwischen Franz Joseph I. und seiner „Sisi" (Elisabeth) nicht alles Gold war, was glänzte, pflegte der Regent, ein stattliches Mannsbild mit vermutlich einigen machoiden Starallüren, das eine oder andere außereheliche Verhältnis. Unter anderem wird eine Romanze mit der in Baden geborenen Hofschauspielerin Katharina Schratt (1853–1940) vermutete, mit der den Kaiser von 1885 bis zu seinem Tod auf alle Fälle eine innige Freundschaft verband. Jedenfalls wurde diese wie auch immer geartete Verbindung von Sisi, die schon früh vor dem streng reglementierten Leben am Wiener Hof floh und sich ab 1860 häufig auf Reisen begab, nicht nur abgesegnet, sondern sogar gefördert. Auch wenn sie später einmal in ihr Tagebuch schrieb, als ihr Gatte von einem Besuch bei der Freundin, die er respektvoll „die gnädige Frau" nannte, nach Hause kam: *Kehrt heim von seiner Kuh, o welch ein Ochs bist du!* Das Rezept für ihren Guglhupf, den sie Franz Joseph I. später in Wien bei seinen Besuchen servierte, steht in dem Kochbuch ihrer Mutter, das im Rollettmuseum aufbewahrt wird.

Der wohltätige Chrysostomus

Katharinas Großvater, Chrysostomus Schratt (1773–1851), arbeitete als Wundarzt in Baden. Dank der Mitgift seiner Gattin konnte er das Haus „Zum Goldenen Kreuz" (Hauptplatz 21) kaufen, wo er sich als Chirurg betätige. Er war einerseits bekannt für seine wohltätige Ader und setzte sich andererseits für mehr Lebensqualität in der Stadt ein – unter anderem bekämpfte er aufgrund seiner Veterinärkenntnisse Tierseuchen und erreichte außerdem, dass die Hausausflüsse auf die Straße gesperrt wurden, wodurch Baden damals als sauberste Stadt galt. Er schrieb darüber hinaus eines der frühen Bücher, die sich mit der Heilkraft der Schwefelquellen in Baden beschäftigten. Einer seiner Söhne, Anton Schratt, der Vater von Katharina, betrieb im Haus seines Vaters (Hauptplatz 22) ein Geschäft mit Papier und Bürowaren.

Der schuldig gebliebene Lohn des Montenegriners

Der k. k. Hoffotograf Friedrich Knozer (1853–1923) stieg 1877 in das Geschäft seines Schwiegervaters Nikolaus Stockmann ein, nachdem er dessen Tochter Olga geheiratet hatte. Stockmann führte sein Atelier in Wien ab dem Jahr 1856 und ließ sich mit einer Zweigstelle 1866 in Baden nieder, die Friedrich Knozer leitete. Im Jahr 1882 wurde das Unternehmen „Stockmann & Knozer" mit dem Titel k. k. Hof- und Kammerfotografen ausgezeichnet und erhielt zahlreiche Aufträge von den Adeligen jener Zeit. Das Atelier befand sich in einer Villa in der Weilburgstraße 4 a (im Hochparterre), die Räumlichkeiten auf 4b wurden möbliert und mit großem Garten regelmäßig vermietet, wie Inserate in alten Zeitungsausgaben beweisen.

Anfang des 20. Jahrhunderts weilte König Nikola I. von Montenegro, auch „Nikita" genannt, in Baden und stattete dabei dem Fotografen Knozer einen Besuch ab. Er zeigte sich begeistert von den vielen Porträts des Kaisers Franz Joseph I. und wollte ähnliche Bilder auch von sich anfertigen lassen. Gesagt, getan …, aber nicht bezahlt, denn die Hoheit aus dem Süden blieb den Lohn schuldig. Friedrich Knozer wandte sich daraufhin Hilfe suchend an den Kaiser, der die Fotosession mit dem Montenegriner kurze Zeit später aus seiner eigenen Tasche bezahlte.

Die Gigerlkönigin

Die einst sehr berühmte Bühnenkünstlerin Paula Menotti (1870–1939), genannt „die Gigerlkönigin" („Gigerl" = besonders modebewusste Person), riss im Alter von 16 von daheim aus, um berühmt zu werden. Sie feierte im Laufe ihres Lebens auch tatsächlich große Erfolge, sang, pfiff und tanzte auf der Bühne, was das Zeug hielt, und scharte stets eine Vielzahl an Verehrern um sich. Im Jahr 1912 ließ die Chansonette und Tänzerin für sich eine prächtige Villa am Kaiser-Franz-Ring 12 errichten – im Giebel des Hauses kann man ein üppiges Relief der Künstlerin bewundern. Das Bauwerk steht angeblich auf römischen Mauerresten und bei den Aushubarbeiten fand man auch große Mengen von Pferdeknochen, was auf eine tatsächliche Existenz des sagenumwobenen „Pferdefriedhofs" hindeuten würde.

Es heißt, dass die Menotti in Russland von einem Adeligen eindringlich gebeten worden war, eine Liebesnacht mit ihm zu verbringen. Er versprach, sich am Morgen danach zu erschießen und ihr sein Vermögen zu hinterlassen. Mit diesem Geld, so sagt man, hätte die Künstlerin die Villa in Baden finanziert. Dort lebte sie nach ihrer Karriere zurückgezogen bis zu ihrem Tod.

Paula Menotti soll ein sehr anspruchsvolles Leben geführt haben. Allerdings ist ebenso bekannt, dass sie bei Sammlungen gerne größere Beträge, beispielsweise für die Erhaltung der Kriegsgräber oder die Ausspeisung armer Schulkinder, spendete. Darüber hinaus pflegte die Künstlerin anlässlich ihrer Auftritte, ihren Schmuck öffentlich auszustellen und die Erträgnisse aus den Eintritten sozialen Zwecken zukommen zu lassen.

Während der Besatzungszeit Badens wohnte der russische Kommandant in der Menotti-Villa.

Der junge Reinhardt

Auch der berühmte Regisseur, Intendant und Theaterproduzent Max Reinhardt (1873–1943) wurde in Baden geboren. Er erblickte als Maximilian Goldmann das Licht der Welt, während seine Eltern, der aus Ungarn stammende jüdische Kleinhändler Wilhelm und dessen Frau Rosa, Urlaub in der Kurstadt machten. Der stille, schüchterne Junge mauserte sich zum Leiter internationaler Bühnen und Begründer des Reinhardt-Seminars in Wien. 1920 schuf er in Zusammenarbeit mit dem Schriftsteller Hugo von Hofmannsthal, dem Komponisten Richard Strauss, dem Bühnenbildner Alfred Roller und dem Wiener Hofoperndirektor Franz Schalk 1920 die Salzburger Festspiele. Vorbild für seinen geänderten Nachnamen war angeblich der „alte Reinhardt" aus Theodor Storms Novelle „Immensee". Im Oktober 1937 emigrierte der Regisseur mit seiner Frau aufgrund der Judenverfolgungen in die USA.

Ein Juli in Baden im Jahr 1808 – Tagebucheinträge eines „bunten Vogels"

Tagebucheinträge von Josef Karl Rosenbaum, Sekretär des Fürsten Nikolaus II. Esterházy (lebte danach ab 1800 als Privatier und galt als „bunter Vogel"), niedergeschrieben von Lokalhistoriker und Schriftsteller Paul Tausig (1881–1923) in einigen Ausgaben der Badener Zeitung unter dem Titel „Ein Kulturbild aus der Glanzzeit Badens":

Eindrücke aus dem Jahr 1808: *15. Juli: 1 Uhr im Bierhausgarten (Wirtshaus „zum Schwan", heute Antonsgasse 4) zum Speisen in Gesellschaft des Malers Lampi und seiner Frau, einer Russin (geborene Anna Drabin) – im Theater „Schachmaschine" – bestiegen die*

Anlage des Baron Lang auf dem Kalvarienberg – 16. Juli: Holten uns beim Schenk Pötschinger Sauerbrunn und schlenderten auf die Braiten speisen – im Theater „Verschämte Eifersucht" – 17. Juli: Nachmittag nach St. Helena […] da hörten wir auf der Wiese Terzetten und Quartetten – 18. Juli: Ich unterhielt mich mit Lampi – ich ging zum „Grünen Baum" und bestellte für morgen für 5 Personen Essen – nach fünf giengen wir ins Peregrinusbad […] und gingen dann nach Sooß – 19. Juli: Nachmittags suchten wir, eine Stunde im Theresienbad zu bekommen – im Theater „Die Zankflucht" – 20. Juli: Wir besuchten den Doblhoff-Garten, tranken in der Meierei einen Kaffee, gingen durch die Mühle in die Weingärten nach dem Kalvarienberg – an jedem schönen Plätzchen weilten wir, schlichen dann in den Park hinab, um im Bierhausgarten zu soupieren.

Ein ungarisch-badenerisches Temperamentsbündel

Die Tänzerin und Schauspielerin Marika Rökk (1913–2001) zog im Jahr 1961 nach Baden in eine Villa in der Mozartstraße 15. Bekannt wurde die temperamentvolle Künstlerin ungarischer Abstammung als Star zahlreicher Schwarzweiß-Revue-Filme und Operettenverfilmungen. Zu ihren größten Erfolgen zählten unter anderem „Die Csardasfürstin" (1950), „Maske in Blau" (1953) und „Hello Dolly" (1968).

Im Alter von 91 Jahren starb Marika Rökk in ihrem Badener Domizil, das in den Besitz ihrer Tochter Gabriele Jakoby überging, an Herzversagen. Ihr zweiter Ehemann, Fred Raul, sagte in einem Interview im Jahr 1973 über seine Gattin: „Wenn so ein Bündel hochkonzentrierter Aktivität gegen eine Wand kracht, gibt es eine Explosion, und manchmal bin ich die Wand."

In Baden erinnert die Marika-Rökk-Straße an die Künstlerin.

Eine Gräfin in Baden

Auch die bekannte Schauspielerin Christiane Hörbiger (* 1938), die man aus Produktionen wie „Gräfin Guldenburg", „Julia – Eine ungewöhnliche Frau" und zahlreichen Kino- und TV-Filmen kennt, hat sich in Baden niedergelassen. Sie lebt mit ihrem Lebensgefährten Gerhard Tötschinger (bis zu dessen Tod im Jahr 2016) abwechselnd in der Kurstadt (Schlossergässchen 3), in Wien und Zürich. Eines ihrer Stammlokale in Baden ist der Heurigenbetrieb „Streiterhof" (Leesdorfer Hauptstraße 64).

Das Skelett eines römischen Weinbauern,
das Arbeiter bei Grabungen am Römerberg im Jahr 1927
ans Tageslicht beförderten

Grausiges, Garstiges und Mysteriöses

Das Skelett des römischen Weinbauern

Beim Bau eines Hauses am heutigen Römerberg, der bis zu diesem Aufsehen erregenden Ereignis Sooßerberg hieß, wurde am 2. Juli 1927 ein römischer Legionär ausgegraben, der sich damals in der Region offenbar als Weinbauer betätigt hatte.

In der „Bezirkszeitung" (Jahrgang 48/Nr. 53) stand damals: *Die hiesige Hauersgattin Karoline Rampel erstattete die Anzeige, daß Arbeiter am 29. v. M. anläßlich des Aushebens einer Grube in ihrem am Sooßerberg gelegenen Weingarten auf eine schwere Steinplatte gestoßen sind, welche die Decke eines Grabes bildete, in dem ein vollständiges menschliches Skelett gefunden wurde. Wie von fachmännischer Seite konstatiert wurde, dürfte dieser Fund, der jederzeit besichtigt werden kann, ein Römergrab darstellen.*

Ludwig Hübl, ein Mitglied des „Vereines der niederösterreichischen Landesfreunde", schrieb in seinen handschriftlichen „Heimatkundlichen Aufzeichnungen" im Jahr 1966: *In demselben fand man als einzige Grabbeigabe ein typisches Winzermesser. Bekanntlich bestatteten die Römer ihre Toten neben den Straßen und so kann es als Beweis dienen, daß über den heutigen Römerberg eine Straße (Blätterstraße) nach dem Weinort … Sooß führte.*

Rätselhafter Ring, der bei Ausgrabungen
eines antiken Gräberfelds in der Erzherzogin Isabella-Straße
am Finger eines weiblichen Skeletts entdeckt wurde

Die Bergung der Überreste gestaltete sich recht abenteuerlich, wie sich Hübls Tochter, Dir. Erika Ruttner, erinnerte: *In Ermanglung eines passenden Gefäßes steckte mein Vater die Knochen des römischen Weinhauers samt den Beigaben in seinen Rucksack, den er fast immer bei sich trug, und übergab das Skelett dem Museum.*

Ein Gräberfeld mit rätselhaftem Fund

Im Jahre 1999 hat die Archäologin Dr. Dorothea Talaa mit Unterstützung einiger enthusiastischer Helfer aus Baden am Beginn der Erzherzogin-Isabella-Straße einen antiken Friedhof mit 81 Gräbern geborgen. Es handelt sich bei den vor rund 1.200 Jahren Verstorbenen um ärmliche Menschen, von welchen keiner älter als 50 wurde, deren Hinterbliebene den Toten Proviant für das Jenseits mitgaben. Darüber hinaus fanden sich als einziger Luxus bei einigen wenigen Skeletten billige Armbänder oder Halsketten aus importierten Glasperlen. Der rätselhafteste Fund ereignete sich allerdings etwas abseits: Dort wurde eine etwa 20 Jahre alte Frau bestattet, die einen mit „seltsamen Zeichen" versehenen Silberring trug – Fachleute sind der Meinung, diese Schrift hätte man einst im mittleren Iran verwendet. Wie diese vor so langer Zeit nach Baden kam, blieb ein Geheimnis.

Galgen auf dem Hühnerberg

Der Name des Berges stammt der Legende nach vom Riesen Hun, der Baden gegründet hat und nun in einer Höhle den sagenhaften See bannt, der die Stadt zu überfluten droht. Denn im Volksmund heißt es: Baden ist durch warmes Wasser entstanden und wird durch kaltes untergehen.

Auf einem Ausläufer des Hühnerbergs, der auch Richtberg genannt wird, im oberen Teil des Kurparks stand im Mittelalter ein gemauerter Galgen, der damals die höchste Richtstatt des Landes darstellte. Unter anderem wurde dort der Sage nach im Jahr 1466 der böhmische Rebell und Anführer einer Räuberbande, Franz von Haag, gehenkt. Der Hauptmann, der am Hof von Kaiser Friedrich III. erzogen worden war, nahm um 1463 mit etwa 400 Mann vorübergehend auch Burg Rauheneck und Schloss Weikersdorf ein, um seinen Sold zu erpressen, den ihm die kaiserliche Familie nicht bezahlt hatte.

Ansonsten wurde dieser Galgen so gut wie nie in Betrieb genommen, da er sich zu weit außerhalb der Stadt befand. Man verscharrte dort allerdings häufig Selbstmörder, die nicht auf einem christlichen Friedhof bestattet werden durften. 1788 ist der Galgen entfernt und 1884 an derselben Stelle die Theresienwarte errichtet worden, die an eine Gönnerin der Stadt, Theresia Göschl, erinnert.

Der richtige Galgen von Baden befand sich „am Ziegelstadel" vor der heutigen Martinek-Kaserne. An ihn erinnert eine Steinsäule auf der Höhe des Hauses Vöslauer Straße 104.

Ein Richter ist in Baden übrigens erstmals 1337 erwähnt.

Der Badener Henker

Zu den Privilegien, die eine Stadt besaß, zählte auch jenes der Blutgerichtsbarkeit – Baden durfte daher ab dem Jahr 1480 „blutige Verhörmethoden und Strafen" wie Folter, Verstümmelung und Todesurteil nicht nur verhängen, sondern auch exekutieren. Die Gemeinde kaufte aus diesem Grund im Jahr 1502 ein Haus (Pfarrgasse 10), in das ein frisch angeworbener Henker einzog. Nach der Ersten Wiener Türkenbelagerung 1529 wurde der Luxus, einen eigenen Henker zu besitzen, aus Gründen der Ersparnis wieder abgeschafft. Musste man künftig die Folter anwenden oder stand eine Hinrichtung an, hat das Gericht einen Freimann aus Wien anreisen lassen.

Waldandacht mit Blutkreuz

Ebenfalls im oberen Teil des Kurparks befindet sich die idyllische Waldandacht, und zwar an einer Stelle, an der sich im 15. Jahrhundert einer der Grenzpunkte des Burgfriedens befand. An 13 ringförmig angeordneten Föhren lehnen Holzbänke und ein hölzerner Betstuhl; an den Stämmen sind zahlreiche Gedenkbildchen und -sprüche sowie Bildstöcke und Holzkreuze angebracht. In der Mitte des Baumkreises liegt ein starker Kraftplatz, eine enorm wirkungsvolle Energietankstelle für Mensch und Tier. In die Rinde einer Föhre ist ein Kreuz gehaut, das rot eingefärbt wurde – der Legende nach von Soldaten im Gefolge von Kaiser Karl dem Großen, die dafür das Blut ihrer gefallenen Kampfgefährten verwendet haben.

Unheilvolle Rituale und mysteriöser Spuk beim Karlstisch

Südlich von Baden wurde um 1050 die Veste Rohr (heute Areal zwischen Rohrgasse und Rohrfeldgasse neben Kinderspielplatz) errichtet, die neben den Burgen Rauheneck, Rauhenstein und Scharfeneck einen Teil des babenbergischen Verteidigungssystems darstellte. Die kleine Hausberganlage mit Turm und Kapelle hatte die Aufgabe, die Handelswege Richtung Osten abzusichern. Der erste bekannte Burgherr, erstmals 1175 erwähnt, hieß Ulrich von Rohr. Später ging der Bau an die Habsburger, obwohl er zum damaligen Zeitpunkt schon als verfallene *öd vesten pei Paden* beschrieben und 1529 endgültig zerstört wurde. Das zur Herrschaft gehörige winzige Dorf Rohr bestand zuletzt aus zwölf Häusern, die alle im Bereich der heutigen Rohrgasse angesiedelt waren.

Auf dem Areal der ehemaligen Veste steht der Karlstisch, bestehend aus einer Platte mit einem Durchmesser von 170 Zentimetern und einem 60 Zentimeter hohen Sockel, an dem bis ins 16. Jahrhundert die lokale Gerichtsbarkeit stattfand. Der Name des Tisches geht auf die Legende zurück die besagt, dass bereits Kaiser Karl der Große im 8. Jahrhundert an dieser Stelle über die Awaren richtete. Früher wurde jährlich am Todestag des Herrschers (28. Jänner 814) beim Tisch eine Art Ritual durchgeführt. Allerdings verstarben im Jahr 1839 während dieser Zeremonie zwei Männer auf rätselhafte Weise, woraufhin man den Brauch aus Angst vor dem Unerklärbaren einstellte. Seit jener Zeit berichten Anwohner immer wieder von flackernden Lichtern oder wispernden Stimmen, die sich um den Steintisch herumbewegen sollen. Und am 7. Februar 1923 geschah außerdem Folgendes: Zwei Winzer befanden sich nach einem Rebschnitt am Hartberg auf dem Heimweg und marschierten durch die neblige Dunkelheit, als sie am Beginn der heutigen

Rohrgasse im Mondschein vier schemenhafte Gestalten unbeweglich um den Karlstisch sitzen sahen. Die Wesen verschwanden allerdings, als sich die Männer der Erscheinung nähern wollten. Seit diesem Tag wird der Platz von den Badener Einwohnern nach Einbruch der Finsternis gemieden.

Die verschüttete Leiche mit den vier Silbermünzen

Als in Baden im Jahr 1529 während der Ersten Wiener Türkenbelagerung gegen die Osmanen gekämpft wurde, dürften wohl einige Menschen in ihren zerstörten Häusern verschüttet worden und nie wieder aufgetaucht sein. Es blieb damals keine Zeit, alle Leichen zu bergen, sodass im Zuge der Planierung von Schutt und Asche so mancher Tote unbemerkt an Ort und Stelle unter die Erde geriet. Oder man hat einige Umgekommene in großer Eile aus Pietäts- oder Hygienegründen rasch notdürftig verscharrt, ohne sie später wieder auszugraben und auf einem Friedhof zu beerdigen. Das beweist unter anderem ein Fund unter dem Haus Grabengasse 29 aus dem Jahr 1902: Als dort ein Keller ausgehoben wurde, fanden die Arbeiter ein Skelett mit vier Silbermünzen aus dem Jahr 1528.

Es ist also durchaus möglich, dass man beim Spaziergang durch Baden unwissentlich über das eine oder andere Gerippe hinwegsteigt.

Romeo und Julia
am Badener Herzogberg

Aus dem 16. Jahrhundert ist eine Geschichte überliefert, in der sich ein Bader namens Melchior in das „Kräuterfräulein“ Agnes verliebte. Ähnlich wie bei Romeo und Julia sollen die Eltern der holden Maid gar nicht glücklich über die Verbindung ihrer Tochter zu dem Burschen aus der sozialen Unterschicht gewesen sein und die Beziehung sogar verboten haben. Ebenso wenig erfreut waren die Eltern von Melchior, welche die Dienste des Mädchens als „Hausapothekerin“ zwar gerne in Anspruch nahmen, Agnes hinter ihrem Rücken aber als „Hexe“ bezeichneten. Die jungen Leute, beide um die zwanzig Jahre alt, liebten sich aber dennoch heiß und innig und wollten nicht voneinander lassen. Aber als man ihnen dann sogar nachstellte und sie mit aller Macht auseinanderbringen wollte, sahen sie letztendlich keinen anderen Ausweg, als gemeinsam in den Tod zu gehen.

Und so stach der junge Melchior auf einem kargen Felsen, auf dem er sich zu einem Stelldichein mit seiner Liebsten verabredet hatte, zuerst die Agnes mit einem langen Messer in die Brust, und dann sich selbst.

Zugetragen haben soll sich das Unglück auf dem damaligen Herzogberg, der sich heute Kalvarienberg nennt und zwischen Welzergasse (die früher „Auf der Anhöhe“ beziehungsweise „Judengraben“ genannt wurde) und Andreas Hofer-Zeile liegt.

Die verhinderte Eheschließung und weitere Liebestragödien

Im Laufe der Jahre hat es in Baden noch etliche weitere Liebestragödien gegeben – Menschen mit gebrochenen Herzen begingen Morde und Selbstmorde.

Im November 1888 erschoss der 25-jährige Weikersdorfer Kellner Mathias Friedrich in einem Badener Gasthof in der Wassergasse seine 36-jährige Geliebte Anna Hör und danach sich selbst. Auf einem Zettel hinterließ das Liebespaar den Wunsch, im Tode vereint zu sein, was ihnen zu Lebzeiten aufgrund des großen Altersunterschiedes nicht vergönnt gewesen war.

Das junge Liebespaar Max Thiele und Valerie Mendez haben im Jänner 1893 ihren Leben in einem Badener Hotel gemeinsam ein Ende gesetzt. Thiele erschoss das Mädchen, dann sich selbst – weil seine Mutter die beiden nicht mehr finanziell unterstützen und sie damit auseinanderbringen wollte.

Die 21-jährige Rosalia Fuchsbaum stürzte sich im November 1903 während der Trauerfeier für ihren verstorbenen Bräutigam Raimund Eichberger in den Teich des Doblhoff'schen Ziegelwerks, konnte jedoch gerettet werden.

Vorerst spurlos verschwunden war Anfang Juni 1906 ein Liebespaar, nachdem es von einem Badener Hotel aus angeblich zu einem Spaziergang aufbrach, von dem es nicht mehr zurückkehrte. Nachdem der Vater seine Tochter Adele Sika als vermisst gemeldet hatte, brach man das Zimmer auf und fand zahlreiche zerrissene Briefe. Es existierte auch eine Nachricht, in der das Mädchen ankündigte, mit ihrem Geliebten, dem

Feuerwehrmann Josef Platzer, im Helenental Selbstmord verüben zu wollen. Eine polizeiliche Recherche ergab, dass die beiden zuletzt in der Krainerhütte gesehen worden waren, von der aus sie in den Wald gingen. Weitere Nachforschungen blieben erfolglos. Als verwirrend galt, dass sich die beiden jungen Leute angeblich in bester Laune befanden, weshalb man vorerst von einem gemeinsamen Durchbrennen ausging. Am 17. Juni wurden jedoch die Leichen von Adele und Josef von Waldarbeitern gefunden. Die Untersuchung ergab, dass der Mann zuerst das Mädchen und dann sich selbst mit einem Schuss getötet hatte.

Im April 1908 erschoss der 28-jährige Kontorist Rudolf Sattelberger in einem Hotel seine 20-jährige Freundin Marie „Mizzi" Zank und danach sich selbst, weil die Eltern der jungen Frau die Eheschließung der beiden im letzten Moment verhindern wollten. Rudolf und Mizzi waren extra aus Wien angereist, um sich in Baden zu töten.

Im August 1910 schoss sich der Wiener Ingenieur Georg H. im Garten einer Villa in Weikersdorf zwei Kugeln in die Brust, nachdem er dem Stubenmädchen einen Liebesbrief an seine Angebetete, die ihn jedoch verschmähte, übergeben hatte. Dem jungen Mann konnte im Rath'schen Spital das Leben gerettet werden.

In der Fabriksgasse in Baden-Leesdorf erschoss im Mai 1911 der 20-jährige Dachdeckergehilfe Leopold Maschek seine Vermieterin und Geliebte, die 26-jährige Marie Kober – angeblich mit deren Einverständnis. Die von ihrem Gatten getrennt lebende Mutter von drei Kindern wollte sich laut späterer Aussage von Maschek nicht mehr länger mit ihrem Ehemann streiten und „endlich eine Ruh haben". Nach der Tat wollte sich der Arbeiter auch selbst töten, was ihm jedoch nicht gelang.

Im September 1911 setzte der 25-jährige Apothekenangestellte und Magister der Pharmazie S. Schönfeld seinem Leben durch Vergiftung ein Ende. Schönfeld war unglücklich in ein Mädchen verliebt, das mit seinen Eltern in Baden zur Kur weilte und auf seine Avancen nicht reagierte.

Auf dem Kalvarienberg, in der Nähe des Kurhauses, erschoss im Dezember 1912 der Student Philipp Reich seine 18-jährige Geliebte Olga Berghauser mit deren Einverständnis – die beiden wollten zusammen sterben. Dem jungen Mann fehlte nach der Tat jedoch der Mut, auch seinem eigenen Leben ein Ende zu bereiten.

Im Oktober 1913 erschoss der 21-jährige Spenglergehilfe Adolf Fischer seine Braut, die um zwei Jahre ältere Anna Mazejka, und dann sich selbst, weil Hindernisse vor der Eheschließung aufgetreten waren. Im selben Haus in der Vöslauer Straße, in dem das Unglück geschah, hatte Wochen zuvor ein Bruder von Anna Mazejka, der 19-jährige Anstreichergehilfe Anton, versucht, seiner Geliebten, der 17-jährigen Dienstmagd Anna Loschitz, und sich selbst das Leben zu nehmen. Die beiden wurden jedoch rechtzeitig gefunden und gerettet.

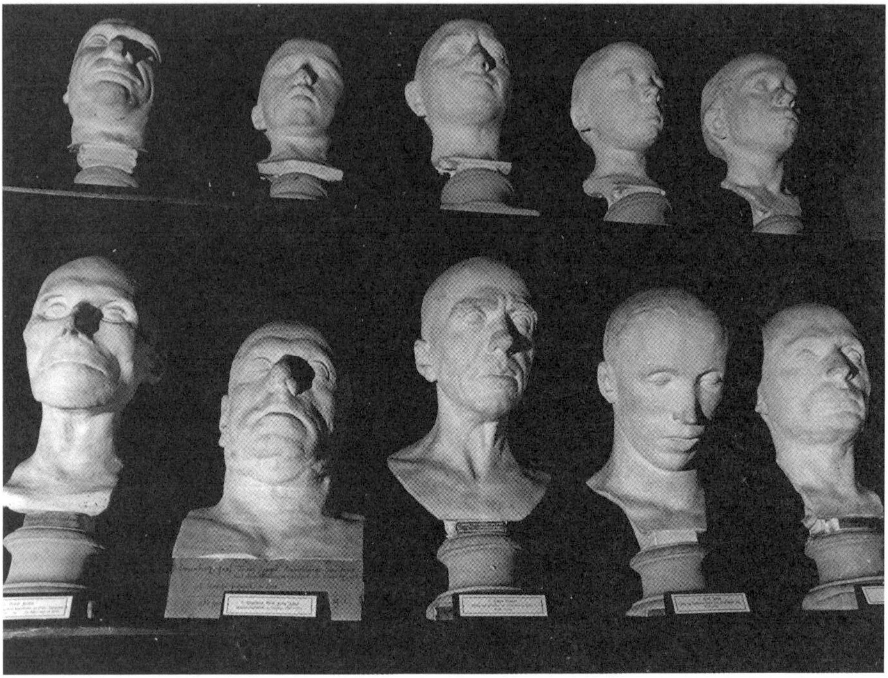

Die Schädelsammlung des Anatoms Franz Joseph Gall
im Badener Rollettmuseum

Die Schädelsammlung im Rollettmuseum

Zu den kuriosesten Objekten im Badener Rollettmuseum zählen unter anderem die Schädel des Anatoms Franz Joseph Gall (1758–1828), Begründer der Phrenologie (Lehre, dass das Gehirn das Zentrum für alle mentalen Funktionen sei). Der Mediziner war zu seiner Zeit ein stark polarisierender Wissenschaftler, dessen Anschauungen ebenso auf Widerstand stießen wie auch Anhänger fanden.

Einer von Galls Fans war so beeindruckt von den Forschungsergebnissen des Arztes, dass er beschloss, diese selbst zu überprüfen. Er stahl acht Tage nach dem Begräbnis des Komponisten Joseph Haydn dessen Schädel aus seinem Grab auf dem ehemaligen Wiener Hundsturmer Friedhof (heute Haydnpark mit Grabmal des Künstlers), um ihn „wissenschaftlich" zu untersuchen und bei seinen Freunden damit zu prahlen. Der Dieb, Joseph Karl Rosenbaum (1770–1829), ein ehemaliger Sekretär von Fürst Nikolaus II. Esterházy, hatte den Totengräber und einige Wiener Beamte geschmiert, um an die heiß begehrte Trophäe zu gelangen. Haydns Schädel konnte erst nach zahlreichen Verwicklungen im Jahr 1954 wieder mit dem Skelett vereint werden.

Haydns Frau Maria Anna, die als zanksüchtige Xantippe galt, ist im Jahr 1800 während eines Kuraufenthalts in Baden (im Haus von Mozarts Freund Anton Stoll, Pfarrgasse 16) verstorben.

Paul Tausig schrieb in der „Badener Zeitung" vom 10. Februar 1909 in Erinnerung an den Komponisten 100 Jahre nach seinem Tod, sich mit folgenden Worten auf die Streitlust seiner verstorbenen Ehefrau beziehend: *Das Begräbnis (seiner Gattin) fand am 22. März nachmittags statt. Das war also wahrhaftig nach langer Zeit Haydn's erster Frühlingstag.*

Der wieder ausgegrabene tote Pascha

Bis 1812 existierte in dem Bereich, wo heute die Welzergasse in den Kaiser-Franz-Ring mündet (an der Stelle, an der später der „Julienhof" stand), in einem alten Pfarrgarten ein Friedhof. Dort durften, wie zu jener Zeit üblich, nur Katholiken und Lutheraner beerdigt werden, keinesfalls jedoch Selbstmörder oder „Ungläubige".

Um 1800 trug es sich zu, dass sich ein reicher türkischer Pascha mit seinem Gefolge zur Kur in Baden aufhielt. Nachdem er mehrere Tage lang in den warmen Schwefelquellen gebadet hatte, begab er sich eines Nachmittags auf einen Ausflug in den Doblhoffpark, um dort im erholsamen Grün zu lustwandeln. Aber schon nach wenigen Schritten brach der von einer früheren Herzattacke geschwächte Mann zusammen und verstarb nur wenige Minuten später in den Armen einer seiner geliebten Frauen.

Man beschloss, den Pascha in Baden zu beerdigen, doch da der Türke als „Ungläubiger" galt, konnte er nicht auf dem Friedhof, sondern nur vor dessen Mauern begraben werden.

Rasch sprach sich in Baden herum, dass ein reicher Ausländer mitsamt seinem prunkvollen Schmuck in der Stadt das Zeitliche gesegnet hatte und hier bestattet worden war, und das noch dazu auf einem Fleckchen, das sich für jedermann zugänglich außerhalb der schützenden Mauern des Friedhofs befand.

So kam es, wie es kommen musste: Einige Tage später schlich sich eines Nachts ein Mann, der sich zuvor im Gasthaus seines Vertrauens ordentlich Mut angetrunken hatte, zu dem Grab des Paschas, buddelte die Leiche aus, zog ihm die juwelenbesetzten Ringe von den steifen Fingern und riss ihm die goldenen Ketten vom Hals. Dann wankte er mit dem Schmuck in der Tasche nach Hause, ohne sich noch weiter um den toten Körper zu kümmern. Natürlich wurde der Diebstahl bereits am nächsten Tag entdeckt.

Da der freche Dieb in der Stadt mit seiner Tat prahlte, wurde er rasch gefunden. Doch noch bevor die Polizei den Mann schnappen konnte, hatte er sich mit seiner Beute aus dem Staub gemacht und ward nie wieder gesehen.

Wohin mit den toten Gästen?

Im Jahr 1808 wurde in der Pfarrkirche eine Leichenhütte errichtet, in der in erster Linie jene Verstorbenen vor dem Begräbnis aufgebahrt wurden, die der Tod während eines Besuchs in der Kurstadt ereilt hatte. Doch da die Badener Bevölkerung diese Kammer, die sich eingezwängt zwischen Josefskapelle und Nordturm des Gotteshauses befand, für „unschicklich" hielt, hat man sie in ein Gebäude am städtischen Holz- und Zimmerplatz (im Bereich der Häuser Kaiser-Franz-Josef-Ring 11 und 13) verlegt. Doch auch diese „Holzschupfen" mochten die Einwohner nicht, und die Kurgäste ekelten und fürchteten sich vor dem Häuschen. Daraufhin wurde die Totenkammer im Lazarett (Antonsgasse 25) errichtet, und man hat arme Leute dafür bezahlt, dass sie die Leichen bis zur Einsegnung bewachten. Sie lag nun direkt gegenüber eines Privathauses, in dem der Mann wohnte, der den Umzug finanziell unterstützt hatte (ohne darüber informiert zu werden, wo sich der Raum künftig befinden würde – vor seiner Nase nämlich): Bankier Johann Caspar Scheidlin. Dort konnten die Toten daher auch nicht lange bleiben und landeten kurze Zeit später in der neu erbauten Friedhofskapelle am Gottesacker am Eichenwäldchen. 1848 brachte man sie dann auf dem neuen städtischen Zimmerplatz (Mühlgasse 28) unter. Endlich entstand im Zusammenhang mit der Friedhofserweiterung im Jahr 1865 ein eigenes Haus für die Friedhofsverwaltung (Friedhofstraße 1), das auch eine Totenkammer einschloss – in der jedoch aufgrund von Platzmangel nur ein Sarg aufgestellt werden konnte. Erst acht Jahre später wurde auf Beschluss des Gemeinderats ein eigenes Leichenhaus am Friedhof mit Platz für drei Särge errichtet, und 1959 folgte der Bau *einer der Größe der Stadt und der Würde des Anlasses entsprechenden neuen Aufbahrungs- und Einsegnungshalle* für jedermann.

Mysteriöse Entführung

Am 20. Juni 1881 wurde die 13-jährige Fabrikantentochter Anna Manul aus Leesdorf entführt – laut Augenzeugen von einer 40 bis 45 Jahre alten Frau mit vollem Gesicht und maskulinem Aussehen, die ein blau-rot-gestreiftes Kopftuch trug. Es könnte sich allerdings auch um einen Mann in Frauenkleidern gehandelt haben. Das Kind war mit einem gelben Kleidchen, bedruckt mit roten und grünen Blumen und mit weißer Spitze besetzt, sowie einem schwarzen Kopftuch bekleidet. Die tatverdächtige Person ließ einen Zettel zurück, auf dem sie angab, Theresia Neubauer zu heißen und ebenfalls aus Leesdorf zu stammen. Eine Nachfrage ergab jedoch, dass niemand aus dem Ort eine Person dieses Namens kannte und die Angaben daher fingiert gewesen zu sein schienen, um die Behörden in die Irre zu führen und Nachforschungen zu erschweren. Die Tat war ebenso sorgfältig geplant wie mysteriös inszeniert und konnte nie aufgeklärt werden – es trafen weder Lösegeldforderungen ein, noch wurde das Mädchen, tot oder lebendig, jemals wiedergefunden.

58 Blitzeinschläge im Friedhofshäuschen

Am 19. August 1891 entlud sich über Baden ein schreckliches Unwetter mit orkanartigen Windböen und Hagel in der Größe von Taubeneiern. Der Totengräber und Gärtner Josef Buchgraber, der zuvor den Beruf des „Theatermeisters" ausgeübt hatte, flüchtete mit seinen Familienangehörigen, unter anderem Gattin Franziska und Josef jun., sowie einigen Friedhofsbesuchern in das Häuschen am Rande des Gottesackers (Friedhofstraße 1). Als sich die insgesamt 14 Personen in einem Raum zusammenkauerten, schlug gegen 17 Uhr der Blitz derart heftig in das Gebäude ein, dass die Leute durch die Luft flogen, kurze Zeit bewusstlos am Boden liegen blieben und danach verwirrt im Qualm und Schwefelgestank herumtaumelten. Nach dem Gewitter stellte man fest, dass die Wände des Hauses 58 Mal vom durch das Haus fahrenden Blitz durchbohrt worden waren. Es kam jedoch zu keinen ernsthaften Schäden, lediglich der Totengräber hatte Verbrennungen am Arm erlitten. Zwei Gemälde, von denen eines Maria, das andere Josef darstellte, blieben komplett unversehrt – obwohl beide Rahmen verkohlt waren.

Wie vom Erdboden verschluckt

Im Frühling des Jahres 1868 stieg im Gasthof „Zum Goldenen Hirschen“ (Hauptplatz 12) Gräfin Biberstein-Zabatzky aus Galizien mit ihrer 18-jährigen Tochter und deren Gouvernante ab. Eines Tages wurde die junge Frau gegen Mittag dabei beobachtet, wie sie alleine die Unterkunft verließ und ängstlich die Straße hinauf und hinunterblickte, bevor sie davoneilte. Sie begab sich schnellen Schrittes durch die Wassergasse stadtauswärts und … ward nie wieder gesehen. Es wurde gemunkelt, sie hätte ein Liebesverhältnis mit einem jungen, dem Bürgerstand angehörigen Mann aus Wien gehabt, den ihre Mutter als Bräutigam ablehnte. Angeblich hätte sie sich an diesem Tag auf den Weg zu ihm gemacht. Die Komtesse blieb trotz intensiver Suche jedenfalls spurlos verschwunden und tauchte auch nie mehr wieder auf – weder tot noch lebendig.

Ebenso scheinbar vom Erdboden verschluckt wurde 13 Jahre später, im August 1881, der Baron de Pricaciano, Legationsrat der rumänischen Gesandtschaft am russischen Hofe. Der junge Mann hatte sich von Wien nach Baden begeben, um dort eine Villa zu mieten.

Skandalpresse: „Schon wieder ein Mord in Baden!“

Ende des 19. und Anfang des 20. Jahrhunderts kam es in Baden zu mehreren brutalen Gewaltverbrechen, und diverse Wiener Blätter setzten über den Bericht einer neuerlichen Bluttat die Überschrift: Schon wieder ein Mord in Baden! Das jedoch erzürnte die Lokalpresse, die daraufhin schrieb: *Als ob unser schöner Kurort eine Mördergrube wäre […] hier müssen wir das Vorgehen der Residenzpresse brandmarken, hier wollen wir den Vorzug einer geachteten Provinzpresse hervorheben, die es, gottlob, nicht nötig hat, mit solchen Sensationsartikeln ihre Leser zu bewirten! […] Es würde uns nicht wundern, wenn das „Lesepublikum“ endlich doch beweist, […] dass es überhaupt mit eklen Geschehnissen nicht gefüttert werden mag.*

Der Gärtner war's!

Im Jahr 1882 wurde in der Trostgasse 5 eine stattliche Villa im florentinischen Renaissance-Stil erbaut. Sie gehörte dem Badener Großhändler Viktor Biedermann Ritter von Turony (1845–1905) und sollte den Lebemann an Venedig erinnern, wo die Familie den Winter zu verbringen pflegte. Im angrenzenden Weingarten am Badener Berg, der ebenfalls zu seinem Besitz gehörte, ließ der Adelige eine Trinkstube nach Südtiroler Vorbild errichten.

Biedermann war zuerst mit der Schauspielerin Eugenie Matzner, danach mit deren Schwester Lucretia Matzner, einer ehemaligen Zirkusreiterin, verheiratet, die im selben Jahr starb wie ihr Ehemann – unter höchst mysteriösen Umständen. Sie wurde am Fußboden ihres von innen versperrten Zimmers erwürgt aufgefunden, der Täter, der lediglich ein paar Schmuckstücke erbeutet hatte, musste also über das Fenster eingestiegen sein. Mangels potenzieller Verdächtiger hat man zuerst den Gärtnergehilfen Ludwig Nowak (und mit ihm den Taglöhner Josef Janko) verhaftet, danach den Hausarzt des Mordopfers, Dr. Rudolf Reitler, und zuletzt den Badener Maler und Journalisten Johannes Mayerhofer (weil er sich zu vehement für den Gärtner eingesetzt hatte). Alle vier Männer wurden aber relativ rasch wieder auf freien Fuß gesetzt.

Am 23. August 1907 stand dazu in der „Vorarlberger Landeszeitung“: *Vor 1 ½ Jahren wurde in Baden bei Wien der Aufsehen erregende Mord an Frau Lucretia v. Biedermann begangen. Der Mörder blieb unentdeckt. Im Garten der Ermordeten bemerkte jetzt ein Gärtner, daß von einer kleinen Holzhütte des Gartens eine Seitenwand ausgebrochen war. Im Inneren der Hütte hatte der Fußboden eine 20 Zentimeter tiefe Grube, um die eine Anzahl von Juwelen aus dem Besitze der Ermordeten ausgestreut lagen. Auf einigen Schmucksachen wurden Blutspuren festgestellt. Die Polizei ist der Meinung, daß der Mörder der Frau Biedermann die geraubten Pretiosen in der Mordnacht in der Hütte vergrub und sie während einer der letzten Nächte bis auf den liegen gebliebenen Rest geholt habe.*

Letztlich musste ein paar Monate später doch der Gärtner für die Tat hinter Gitter – er erhielt vier Jahre wegen versuchten Totschlags –, obwohl eigentlich jeder wusste, dass man den Falschen eingesperrt hatte.

Lange Zeit trug Biedermanns Haus, insbesondere wegen der vielen Rätsel in Bezug auf den grausamen Mord, den Namen „die verhexte Villa“.

Ein Kindsmord am Christtag und weitere Bluttaten

Neben diesem Mord an Lucretia Biedermann, der zu den mysteriösesten Verbrechen in der gesamten Region zählt, fand in Baden tatsächlich eine Vielzahl an grausigen Bluttaten statt.

Im November 1865 wurde der Kommandant des Militärspitals und Badehauses (umgebauter Peterhof in der Vöslauer Straße), Oberlieutenant Johann Kaiser, mit durchgeschnittener Kehle „im Blute schwimmend" in seinem Bett aufgefunden. Der Täter soll der mit einem falschen Bart getarnte 50-jährige Zivilwachmann Anton Lichtenecker gewesen sein, der sich unbemerkt Zugang zur Wohnung des Opfers im Militärspital verschafft, dieses ausgeraubt und getötet hatte. Verhaftet wurden jedoch zwei Oberwärter des Spitals, die schon bald nach ihrer Einkerkerung verstarben, bis zuletzt jedoch ihre Unschuld beteuert hatten. Zwei Jahre später beschuldigte eine gewisse Elisabeth Nagel Lichtenecker, mit ihr gemeinsam die Doktorgattin Magdalena Treu im Haus Nr. 94 in Wien Mauer ermordet und die Leiche im Keller verscharrt zu haben. In diesem Zusammenhang sagte sie aus: „Das ist nicht sein erster Mord. Den an Oberlieutenant Kaiser hat er mir selbst gestanden!" Nachträglich kam auch ans Tageslicht, dass Lichtenecker nach der ersten Tat plötzlich seine gesamten Schulden bezahlt hatte. Zuvor war er wegen Betrugs in Stein inhaftiert gewesen. Darüber hinaus könnte ein weiteres Verbrechen von dem Badener Polizisten begangen worden sein – nämlich der an dem Vöslauer Fuhrknecht Samwolf, der im Oktober 1866 in der Vöslauer Straße in schlafender Stellung tot auf einem Leiterwagen mit Stichwunden am Kopf aufgefunden worden war. Der Mann hat Lichtenecker angeblich am Tag des Mordes an Johann Kaiser beim Militärspital gesehen, mit falschem Bart und zerschnittener Hand, und dies ein Jahr später in einem Gasthaus erzählt – das dürfte sein Todesurteil gewesen sein. Nach einigen Gerichtsverhandlungen wurde der Badener Wachmann in allen Fällen aus Mangel an Beweisen freigesprochen.

Im November 1876 wurde in der Nähe des Badener Friedhofs ein „Werkelmann" (= Drehorgelspieler) mit durchgeschnittener Kehle aufgefunden. Ein Raubmord war auszuschließen, da sich in der Tasche des Toten 11 Gulden und mehrere Silberzwanziger befanden.
Einen Selbstmord beging im Juli 1851 der Bediente einer Gräfin, nachdem er sie bestohlen hatte. Er floh nach der Tat, schloss sich in einem Zimmer des Gasthofes „Zum Goldenen Hirschen" ein und erstach sich dort mit einem Küchenmesser.

Anschaulich beschrieb das „Bregenzer/Vorarlberger Tagblatt" im August 1895 einen Brudermord: *Aus Weikersdorf bei Baden wird gemeldet, daß dort in dem Gasthause „zum lustigen Waldbauer" (Schlossgasse 58–60) zwischen den Söhnen der 83-jährigen Witwe Frau Aloisia Mayer, Franz, 35 Jahre alt, und Carl, 33 Jahre alt, gegen Mitternacht ein Streit entstand, wobei Franz Mayer seinen Bruder Carl durch Stiche mit einem Fleischermesser in die Brust und den Unterleib tödlich verletzte. Man brachte ihn, dem Gedärme aus dem Leib heraushingen, in das Rath'sche Krankenhaus, wo er am anderen Tage nach furchtbaren Qualen verschied. Der Attentäter wurde verhaftet und gefesselt dem Bezirksgericht Baden eingeliefert. Die trostlose alte Mutter verlor so beide Söhne.* Wie man später erfuhr, haben beide Männer oft und viel getrunken, auch die Tat selbst dürfte unter Alkoholeinfluss verübt worden sein.

Im Mai 1899 wurde der 65-jährige Badener Fabrikarbeiter Wenzel Jellinek wegen Mordes an der in Trumau wohnhaften Anna Bauer verhaftet – ein Verbrechen, das zu diesem Zeitpunkt bereits 25 Jahre zurücklag. Im Dezember 1874 war die Frau erdrosselt in ihrem Schlafzimmer aufgefunden worden, es fehlten eine Tuchjacke, ein Stück Stoff und 51 Gulden aus der Wohnung der Getöteten. 1899 legte Johann, Wenzel Jellineks Sohn, ein spätes Geständnis ab und gab an, die Tat gemeinsam mit seinem Vater durchgeführt zu haben.

Eine religiöse Wahnsinnstat hat im April 1906 der 51-jährige Peter Zantominizi in der Eichwaldgasse 12 verübt. Er schlug seiner um zwei Jahre älteren Frau Theresia mit einem Hammer die Schädeldecke ein, drapierte sie auf dem Bett und bedeckte den toten Leib mit mehreren Heiligenbildern. Danach versuchte sich der Mann zu erhängen, doch als das Seil riss, floh er zu seinem Bruder Leopold, der ihn einige Tage später der Polizei übergab. Monate vor dem Verbrechen soll Peter Zantominizi um die Einlieferung in eine Irrenanstalt gebeten haben – wäre man seinem Wunsch nachgekommen, hätte seine Gattin nicht sterben müssen. Im September desselben Jahres erhängte sich Leopold Zantominizi auf dem Dachboden seines Hauses in Tribuswinkel.

Ein Kindsmord wurde im Dezember 1910, am Vormittag des Christtags, in der Haidhofstraße 20 an einem dreijährigen Knaben verübt. Der Ziehvater des Kindes, ein 32-jähriger verheirateter Maurer namens Karl Rothaler, hatte seinen Schützling bereits zuvor häufiger misshandelt. Der kleine Stefan Oberreiter war immer schwach und kränklich gewesen, weshalb ihn der grobe Mann mit Prügeln „abhärten wollte". Nachdem sich der Mann am frühen Nachmittag des 29. Dezember bei der Polizei gestellt hatte, fand man den Jungen in der Wohnung mit eingeschlagenem Schädel auf dem Diwan liegend vor. Das „Neue Wiener Journal" schrieb am selben Tag in seiner Abendausgabe: *Die Kopfplatte war vollständig losgelöst, so daß die Gehirnteile sichtbar waren. Die Frau Rothalers war im Zimmer anwesend, als der Mord geschah.*

Der mysteriöse Skelettfund

Im Dezember 1906 konnte nach monatelangen Recherchen und Rätselraten seitens der Polizei und Einwohner von Baden endlich das Geheimnis um den mysteriösen Fund zweier im Garten der Villa Hahn (Weilburgstraße 81–85) unter einem Gebüsch aufgefundenen Gebeine gelüftet werden. Die Skelette wiesen eine für jene Zeit auffallende Größe auf (sie maßen 1,76 Meter), und ihre gut erhaltenen Gebisse zeigten Abnutzungsspuren, wie man sie von Rauchern gerader Holzpfeifen kannte. Letztendlich lieferte die verwitterte Bekleidung den entscheidenden Anhaltspunkt: Bei den Toten handelte es sich um zwei „Rotmäntler" (Angehörige einer kaiserlich-österreichischen Militäreinheit), die am 14. Oktober 1848 während der Europäischen Revolution auf der Braiten (Braitnerstraße 26) in Weikersdorf gelagert hatten. Es konnte im Nachhinein ermittelt werden, dass die beiden Männer nach einem nächtlichen Überfall auf die Villa über die Aufteilung der erbeuteten Wertgegenstände in Streit geraten, sich gegenseitig tödliche Verletzungen beigebracht und danach vor der Eingangstür des Hauses verstorben waren. Die Bewohner hatten daraufhin, aus Angst, dass man sie des Mordes verdächtigen würde, die beiden Leichen in aller Eile im Schutz der Dunkelheit im Garten verscharrt.

Die Villa Hahn wurde von 1885 bis 1887 nach Plänen des bekannten Architekten Otto Wagner für den Generaldirektor der k. k. österreichischen Länderbank, Samuel Ritter von Hahn, errichtet. Zum Hauptgebäude gehörten damals Gartenhaus, Glashaus, Palmenhaus, Tennisplatz und Wasserbecken sowie Kegelbahn und Grotte. Zuvor hatte sich auf dem Grundstück bis Mitte des 19. Jahrhunderts ein Weinberg befunden. In den 1980er-Jahren wurde ein Abbruchantrag des prächtigen, aber längst verfallenen Gebäudes gestellt, wogegen sich eine Bürgerinitiative unter der Leitung eines Badener Architekten erfolgreich wehrte. Es gelang, die Schleifung des Hauptgebäudes zu verhindern. Auf Teilen des einst von Otto Wagner großzügig konzipierten, parkähnlichen Gartens, in dem im Jahr 1906 die Skelette gefunden worden waren, entstand 1987/88 eine Reihe von eingeschossigen Reihenvillenbauten.

In der Villa Hahn hatte Arthur Schnitzler seine Tragikomödie „Das weite Land" angesiedelt.

Villa des Grauens

Als Baden 1945 zum Hauptquartier der sowjetischen Besatzungsmacht wurde, kam es anfänglich in der Stadt zu Plünderungen, Vergewaltigungen und Erschießungen durch Soldaten der Roten Armee. Einige dieser Verbrechen fanden in der 1912 erbauten Nikoladoni-Villa (Schimmergasse 17), die dem sowjetischen Geheimdienst als Zentrale diente und damals mit Stacheldraht umzäunt war, statt. Ein paar in diesem Übergangsgefängnis inhaftierten und gefolterten Österreicher hat man später in die UdSSR verschleppt oder nach Sibirien verschickt. Es existieren zahlreiche schriftliche und mündliche Berichte, wonach sich bis 1955 vor allem im Keller dieses Gebäudes (so wie auch in den meisten anderen unterirdischen Räumen der umliegenden Häuser) furchtbare Gräueltaten abgespielt haben. Nach einer wissenschaftlichen Publikation des Instituts für Kriegsfolgenforschung wurden in der Villa 153 Menschen zum Tode verurteilt, von dort aus nach Moskau gebracht und in der russischen Hauptstadt hingerichtet.

Die Burgen im Helenental,
die einst von Raubrittern bewohnt wurden

Die Raubritter aus dem Helenental

Im Helenental gibt es drei Burgruinen: Rauhenstein, Rauheneck und Scharfeneck. Von der letzten, kleinsten, ist jedoch nicht mehr sehr viel zu sehen. Im Mittelalter bildeten die drei Bauten ein Befestigungsdreieck, das die wichtigste Verkehrsverbindung von Baden nach Heiligenkreuz sicherte. Beherrscher alle drei Burgen waren Mitglieder der Dynastie Turse (= Riese). Einige ihrer Nachfolger trieben als freche Räuber bis ins 15. Jahrhundert im Helenental ihr Unwesen und störten durch ihre äußerst erfolgreichen Beutezüge den Handel. Die diebischen Ritter sollen eine goldene Kette zwischen den beiden sich gegenüber stehenden Festungen Rauhenstein und Rauheneck gespannt und damit die Kaufleute und Pilger an ihrer Weiterfahrt ins Tal gehindert haben. Einer der Burgherren verschleppte mit Hilfe seines Gesindes die Reisenden auf seine Burg und plünderte sie aus. Danach heuchelte er Erbarmen, gab den Fremden einen Teil ihrer Habe zurück und setzte sie wieder im Tal ab, wo sie, dieses Mal von den finsteren Gesellen der anderen Burg, überfallen und neuerlich ausgeraubt wurden.

Übrigens gab es in Baden einst insgesamt acht Burgen: Rauhenstein, Rauheneck, Scharfeneck, Veste Rohr, Badener Burg, Burg Leesdorf, Sauerhof (einst Rauberturm) und Burg Weikersdorf.

Der Geist des Tursen

Nachdem Burg Rauheneck im Jahr 1477 von den serbischen Truppen des Ungarnkönigs Matthias Corvinus niedergebrannt worden war, blieb der Bau eine vereinsamte Ruine. Lediglich eine klagende Spukgestalt soll dort zwischen Mauern umhergehen, ohne den Ort jemals verlassen zu können – es sei

Der Urtelstein, den Kaiser Franz II./I.
für den Straßenausbau im Jahr 1826 sprengen ließ

denn, auf dem Turm wächst eine Föhre, aus der man eine Wiege zimmert, in der ein Sonntagskind geschaukelt wird. Doch nur dann, wenn es sich dabei um einen Knaben handelt, der später Priester wird, würde der Geist zur Ruhe kommen und gleichzeitig das Versteck der Schätze preisgeben, welche die Tursen einst ihren Mitmenschen raubten. Es heißt, der tote Ritter erscheint jedes Jahr in der Silvesternacht als blaues Flämmchen, das auch von Badenern, die auf der Burg den Jahreswechsel feiern wollten, bereits mehrmals gesehen wurde.

Der Strudel, der Menschen, Rösser und Kutschen verschlang

Im Helenental liegt an der Stadtgrenze der Urtelstein, der im Jahr 1826 *mittels 15.000 Sprengschüssen* für den Straßenausbau durchbrochen wurde. Seine Portalüberschrift lautet „Imperante Francisco I." (lat. für „während der Regentschaft Franz I."). Der gesprengte Felsen war laut dem Buch „Die Donau, vom Ursprunge bis zu den Mündungen" von Adalbert Müller aus dem Jahr 1839 etwa 35 Meter lang, 6,5 Meter breit und 5 Meter hoch.

An dieser Stelle sind früher zahlreiche Menschen ums Leben gekommen – jedoch nicht, weil der „Urteil-Stein" eine Hinrichtungsstätte darstellte, wie man immer wieder hört (vielmehr handelte es sich um einen Übergabeort verurteilter Straftäter an den Stadtrichter). Jedoch mussten in der Zeit vor der Sprengung Reiter und Kutschen die steile Straße über den Felsen überwinden, was vor allem im Winter häufig zu Abstürzen führte. Darüber hinaus bildet die Schwechat an dieser Stelle einen Strudel, der früher zahlreiche Menschen in die Tiefe zog. Der Legende nach wurden hier auch aus der Stadt fliehende Tempelritter gefangengenommen, sogleich vor Ort erschlagen und ins Wasser geworfen, das sie in Sekundenschnelle verschlang.

Die Badanstalten Badens
für Kuranwendungen und geselliges Beisammensein

Grüne Flächen, dunkle Ecken und alte Gebäude

Der Kurpark – eine „Zentrale der gesamten Badegesellschaft"

Vor dem ehemaligen Theresienbad, das sich auf dem Areal des späteren Kurhauses und heutigen Spielkasinos befand, erstreckte sich einst der Theresiengarten, den man 1792 zu Ehren der Kaiserin Maria Theresia angelegt hatte. Der kleine Park mit Trinkhalle, Kaffeehütte, Tempel des Aeskulap (Bau zu Ehren des Gottes der Heilkunst, heute Mozarttempel) und türkischem Kiosk galt damals als „Zentrale der gesamten Badegesellschaft". Die später Stadtpark genannte Grünanlage reichte im Norden bis zur Hauptstiege und war bis ins Jahr 1880 zur Stadtseite hin komplett offen und mit drei bogenförmig, in die Hauptallee ragenden, Öllampen beleuchtet.

Über dem Theresiengarten befand sich nach der Abholzung des Areals eine mit Sand bedeckte „löchrige Karstheide", die erst beim dritten Versuch in den Jahren 1874 bis 1896 aufgeforstet werden konnte.

1841 wurde im Park ein hölzernes Freilufttheater errichtet, das man 1865 durch ein neues Holzgebäude und 1906 durch die heutige Sommerarena (auf diesem Areal befand sich einst eine römische Therme) mit gemauerten Wänden und rollbarem Glasdach ersetzte. 1853 errichtete die Stadt an der Ostseite des Kurparks ein „Dampf-, Douche- und Wannenbad“ (heute Parkhotel).

Höhlenromantik mit Lusthäuschen

Der erste erfolglose Bepflanzungsversuch auf dem verkarsteten Boden des Kurparks erfolgte in den Jahren 1807–1812 und wurde im Rahmen einer Kampagne des Fabrikanten Ignaz Gabriel Freiherr von Lang im Bereich westlich der Sommerarena und östlich der Andreas-Hofer-Zeile durchgeführt. Ganz im Stil der damals modernen Höhlenromantik ließ er auf dem Gebiet um das heutige Kasino-Parkdeck (wo sich damals ein Sommerturnplatz befand) künstliche Grotten sowie Lusthäuschen für kleine Feste errichten. Es gab außerdem einen Zickzackweg in die Höhe, der in der Badener Bevölkerung „Schnecke“ genannt wurde. Dieser „Garten des Baron Lang“ am Kalvarienberg war mit einer Natursteinmauer umgeben, die man auf alten Stadtplänen und Ansichten Badens wiederfindet. Letztlich scheiterte der Fabrikant an der Felswüste, auf der ihm die Bewässerung der Pflanzen zu teuer kam.

Aus dem ehemaligen Theresiengarten entwickelte sich der heutige 52 Hektar große Kurpark, der in den Schwarzföhrenhain des Wienerwalds mit zahlreichen Wanderwegen mündet.

Undinebrunnen und Blumenuhr

Im Zug des letzten und endlich auch erfolgreichen Begrünungsversuches des oberen Kurparks bis 1896 entstanden auch das Park-Café, der bis heute bespielte Musikpavillon (an dessen Stelle sich zuvor der türkische Kiosk befunden hatte) und die elektrische Beleuchtung. 1903 wurde ein Jahr nach Fertigstellung der städtischen Wasserleitung der Undinebrunnen mit seinen Fontänen in Betrieb genommen, der von dem Kärntner Bildhauer Josef Valentin Kassin nach einem Märchen des deutschen Romantikers Friedrich de la Motte Fouqué geschaffen wurde. Die tragische Erzählung handelt von der Wassernymphe Undine, die sich unsterblich in einen Irdischen verliebt, nach dessen anfänglicher Erwiderung jedoch von ihm verschmäht wird und sich mit einem tödlichen Kuss rächt. 1927 wurde der Beethoven-Tempel gebaut und 1928 die mit 5.000 Pflanzen geschmückte Blumenuhr zum Laufen gebracht. Gespendet worden war das florale Prachtstück von dem Großdrogisten M. Wallace (Drogerie „Zum Schwarzen Hund", Theresiengasse 2). Sie tickt seither ununterbrochen – bis auf die zehn Jahre Stillstand nach dem Ende des Zweiten Weltkriegs.

Putschanerlucken und Rawuzelsteig

An der Stelle, an der sich seit 1905 das Kaiser-Franz-Joseph-Museum befindet, endete früher die Putschanerlucken, benannt nach dem Räuberhauptmann Putschandel, der dort laut einer Sage mit seinen Männern gehaust und als eine Art Robin Hood ganz Baden unsicher gemacht hat. Tatsächlich stammt die Bezeichnung von der böhmischen Kleinmünze Putschaner, welche im Zusammenhang mit dem geringen Wert des Geldstücks die wirtschaftliche Unrentabilität der Felsspalte zum Ausdruck bringt.

Die Ursprungsquelle in einem Stollen im Kalvarienberg als älteste Schwefelquelle der Stadt

Richtig sein dürfte hingegen, dass in der verrufenen Schlucht ab dem Mittelalter bis ins späte 18. Jahrhundert Einsiedler lebten und sich dort außerdem häufig das Gesindel von Baden herumtrieb. Darunter befand sich im 15. Jahrhundert auch eine Horde Schurken, die mit ihren Verbrechen jahrelang die Einwohner von Baden terrorisierte. Ihr Anführer war jener Franz von Haag, der der Sage nach 1466 am Hühnerberg gehenkt wurde. Unter anderem entführte die Bande Kinder und erpresste Lösegelder.

Schon bald wurde dieser unwirtlichen und unheimlichen Gegend auch noch ein boshafter Geist angedichtet, der dort sein Unwesen trieb – nach ihm heißt ein schmaler, mit dornigem Gestrüpp überwucherter Weg zwischen den Felsen Rawuzelsteig. Vor Ewigkeiten in dieser Region in den Stein gehauene bankähnliche Sitzgelegenheiten sowie prähistorische Funde legen darüber hinaus Zeugnis ab von uralten Kulturen. Ebenso haben die Römer dort ihre Spuren hinterlassen.

Der Schweizer-Käse-Kalvarienberg mit Ursprungsquelle

Heute sprudelt das Badener Schwefelwasser aus insgesamt 14 Quellen – die am höchsten gelegene und bedeutsamste ist die „Ursprungsquelle“ (mit diesem Namen ist sie im Niederösterreichischen Höhlenverzeichnis erfasst), die aus einem Kalkfelsen austritt. Alle anderen Quellen sickern aus dem Schotterkörper der Schwechat.

Die Ursprungsquelle befindet sich in einem Stollen im Kalvarienberg (unter dem Kasino), dessen Länge einst mit „45 Schritten“ angegeben wurde. Heute führt ein 30 Meter langer Zugangsstollen in einen blau gekachelten Raum, in dem man in den beleuchteten Quelltrichter schauen kann. Dieser Umgestaltung zur Touristenattraktion fielen einige Höhlen zum Opfer, unter anderem die Totenhöhle, in der einige Badener im Jahr 1683 vor den einfallenden Türken Schutz suchten. 1796 war südlich der Ursprungsquelle das Ursprungsbad in Gestalt eines türkischen Prunkzeltes erbaut worden.

Im Kalvarienberg befinden sich noch zahlreiche weitere Felseingänge (alle sorgfältig erfasst und mit Nummern versehen) – er ist durchlöchert wie ein Schweizer Käse. Die längste Grotte ist die Grufthöhle (oder Franzosenhöhle) unterhalb des Holzpavillons „Schöne Aussicht“ mit einer Länge von 72 Metern. Früher haben in der Grotte arme Badener Familien gewohnt.

Funde über Funde

Zahlreiche Entdeckungen machte unter anderem der Badener Heimatforscher Gustav Calliano – leider erwiesen sich seine Funde fast alle als Fälschungen oder Fehlinterpretationen. Unter anderem erwähnte er die Bergung fossiler Knochen und weiterer Überreste pleistozäner Säugetiere, wie die von Höhlenbären.

Tatsächlich gegeben hat es die Entdeckung von Mauern einer antiken Badeanlage unter dem heutigen Kasino sowie einen römischen Kultplatz mit Altären und einen Raum mit Hypokaustenheizung (von einem mit einem Brennofen beheizten Keller strömte die heiße Luft nach oben und wurde in Kanäle in den Mauern geleitet, sodass auf diese Weise sowohl der Fußboden als auch die Wände Wärme abgaben) unter der Sommerarena.

Im Jahr 1796 hatte man im Kalvarienberg nahe der „Ursprungsquelle" außerdem einen Ziegel der XIV. Legion entdeckt. Und am Hauptplatz wurden Geschirr und Plattenziegel mit Pfotenabdrücken gefunden (offenbar liefen die römischen Vierbeiner unbeaufsichtigt über das zum Trocknen ausgelegte Dachdeckermaterial).

Der Strand hoch über Baden

Im Jahr 1338 stiftete der Habsburger-Herzog Otto „der Fröhliche" den Kartäusermönchen von Gaming den „Gaminger Berghof" (heute Liegenschaftskomplex Rathausgasse/Erzherzog-Rainer-Ring von der Drogerie Prokopp bis zum Frauenhof) und alle dazugehörigen Güter. Dazu zählten auch das Weinbaugebiet Badener Berg und der „waldige Hügel" Gamingerberg, auf dem die Stadtgemeinde Baden 1881 ein Waldgasthaus errichten ließ. Dieses sollte ursprünglich den historischen Namen „Berghof" tragen. Doch als bekannt wurde, dass Kronprinz Rudolf in jenem Jahr heiraten würde, hat man sich rasch umorientiert und das Lokal zu Ehren des Thronfolgers „Rudolfshof" getauft.

Ende des Zweiten Weltkriegs suchten in dem großen Gebäude zahlreiche Badener Zuflucht, als in der Stadt das Chaos auszubrechen drohte. Der damalige Bürgermeister Josef Kollmann stellte hier in den letzten Kriegstagen mit Gleichgesinnten eine provisorische Regierungstruppe zusammen.

Doch vor Millionen von Jahren, in dem Erdneuzeit-Abschnitt Tertiär, schwappten an den Gamingerberg die Wellen des Mittelmeers – und anstelle der Wiese mit dem herrlichen Blick auf die Stadt (die damals tief unter dem Wasser gelegen hätte) befand sich ein karger Steinstrand. Menschenleer, selbstverständlich.

Der Griesgram am Brunnen

Der Doblhoffpark, zur ehemaligen Herrschaft Weikersdorf gehörend, wurde nach 1750 als barocker Schlosspark im französischen Stil angelegt und um 1820 für Besucher als „Englischer Park" geöffnet. 1966 kam er in den Besitz der Stadtgemeinde Baden. Die schuf in den drei Folgejahren das Rosarium, eines der größten in Europa, und den Rosenprüfgarten, in dem Neuzüchtungen aus aller Welt auf ihre Tauglichkeit getestet werden.

Eine der dunkelsten Ecken im über acht Hektar großen Doblhoffpark stellt jene dar, in der an der Wand ein steinerner Neptun (= Gott des Meeres) als bärtiger Wasserspeier griesgrämig in den vor ihm liegenden Brunnen blickt. Die riesige Figur von Josef Klieber stammt von der Hauptfront des Schlosses Weilburg und wurde 1969 an die Innenseite der Umgebungsmauer der Grünanlage versetzt.

Die Weilburg – ein Geschenk der Liebe, das in Flammen aufging

Erzherzog Karl von Österreich-Teschen hatte einen Bauplatz am Stadtrand von Baden vom Freiherrn von Doblhoff erworben und für seine geliebte Frau Henriette von Nassau-Weilburg ein Schloss errichten lassen, das mit seiner aufwändigen Wasserversorgung und den Wasserklosetts zu den modernsten Gebäuden jener Zeit zählte. Mit den 200 Wohn- und Wirtschaftsräumen sowie einem großen Swimmingpool war der riesige Komplex fast so groß wie Schloss Schönbrunn.

Im Jahr 1919 wurden die Möbel und Wertgegenstände aus der Weilburg nach Halbturn und Ungarisch Altenburg abtransportiert und später an die zahlreichen Töchter Erzherzog Friedrichs von Halbturn, die Urenkelinnen von Karl von Österreich-Teschen, weitervererbt.

Was im Gebäude verblieben war, haben die 1938 dort untergebrachten Wehrmachtssoldaten kurz und klein geschlagen. Am Ende des Zweiten Weltkriegs ist das Schloss in Brand geraten, doch die Männer der abziehenden deutschen Truppen haben die anwesende Bevölkerung am Löschen gehindert. Die Weilburg glühte danach 14 Tage lang aus und wurde zur rußigen Ruine. Nur der erhabene Portikus mit dem steinernen Wappen blieb beinahe unversehrt. 1963 wurde der größte Teil der Überreste abgebrochen.

Ein Löwe am Waldrand von Baden

Von der Weilburg übrig geblieben ist neben dem Wassergott im Doblhoffpark unter anderem auch der habsburgische Wappenstein, geschaffen ebenfalls von Josef Klieber, der ursprünglich den Portikus des Prachtbaus zierte. Im Volksmund heißt dieses Erinnerungsmal mit dem Wappen des nassauischen Löwens, das von einem Füllhorn geschmückt, einem schlafenden Löwen bewacht und einem Greif beschützt wird, „Grabstein der Weilburg".

Als im Jahr 1964 der immer noch aufrecht stehende Portikus des Schlosses gesprengt wurde, sollten Strohballen den Sturz des Steins mildern und eine Zerstörung verhindern. Doch das gemeißelte Kunstwerk zerbarst bei der Aktion in tausend Stücke und musste in mühevoller Kleinstarbeit wieder rekonstruiert werden. Heute befindet sich das Wappen am westlichen Stadtrand von Baden, am Waldrand an der Weilburgstraße, wo der Fußweg zur Ruine Rauheneck abzweigt.

Auf dem Areal der Weilburg am Eingang zum Helenental steht heute eine Wohnsiedlung.

Die Schießstatt „im Handtüchl“
als Publikumsmagnet für Einheimische und Gäste

Die Schießstatt und der Vergnügungspark „im Handtüchl“

Ursprünglich lag die Schießstatt des Badener Schützenvereins in der Grabengasse außerhalb der Stadtmauer, wo es nur Weingärten gab und der Lärm niemanden störte. Doch als zu Beginn des 19. Jahrhunderts mit der Verbauung dieses Gebiets begonnen wurde, mussten die Schützen umziehen – sie wählten den Grund am Bockfußweg (heute Trostgasse 5, wo sich später der Badener Großhändler Viktor Biedermann Ritter von Turony seine Villa im florentinischen Renaissance-Stil erbauen ließ). Es wurde ein gemütliches Vereinshaus errichtet, in dessen Nähe sich auch der Gebirgsweinkeller befand, den die schießfreudigen Männer nach dem Training gerne aufsuchten. Bereits im Jahr 1803 fand dort eine prunkvolle Veranstaltung mit Festschießen statt, an dem auch Herzog Albert von Sachsen-Teschen teilnahm. 1816 schrieb Anton Rollett in seinem Fremdenführer „Ein in jeder Rücksicht belehrendes Handbuch für Badens Curgäste“: *Auch hier finden die Curgäste einen angenehmen Unterhaltungsplatz, und wirklich genießt diese Schießstätte immer die Ehre, auch von den höchsten Herrschaften besucht zu werden.* Zu dem Areal dieser Schießstatt gehörte auch der gegenüber gelegene Acker, der den seltsamen Namen „im Handtüchl“ trug. Dort gab es einen Park mit Ringelspiel und zwei Gebäuden, in welchen Erfrischungen konsumiert werden konnten. So war die Schießstatt damals ein wahrer Publikumsmagnet für Einheimische und Gäste, die zuerst auf die bunten Scheiben schossen und sich danach gegenüber „im Handtüchl“ vergnügten.

1882 musste der Verein erneut umsiedeln, und zwar zum Eichwäldchen am Fuß des Hartbergs (Schützengasse 38).

Heute befindet sich die Schießhalle des Schützenvereins der Stadt Baden in der Braitnerstraße 63, wo auch das bereits erwähnte Kaiserfenster zu besichtigen ist.

Schloss Braiten – Promis und ein Selbstmord

Das Schloss Braiten wurde in den Jahren 1809 und 1810 für den polnischen Gelehrten und Grafen Joseph Max Ossolinski, Direktor der kaiserlichen Hofbibliothek in Wien, erbaut. Dort wohnten von Zeit zu Zeit recht prominente Personen – unter anderem Ludwig van Beethoven im Sommer des Jahres 1816 oder hin und wieder Erzherzogin Maria Anna, die Tochter von Kaiser Franz II./I., wenn sie sich der Obhut ihres Herrn Papas entziehen wollte oder es ihr im Kaiserhaus schlichtweg zu langweilig wurde.

Im Oktober 1860 nahm sich in dem Gebäude der 45-jährige Wiener Psychiater Dr. Gustav Görgen, Leiter des von seinem Vater begründeten „Privat-Irrenhauses" in Döbling, durch einen Schuss in den Kopf das Leben. Fünf Tage zuvor war ihm ein Anklagebeschluss der Staatsanwaltschaft zugestellt worden, in dem man gegen ihn den Vorwurf einer Mitschuld am Tod eines Patienten erhob.

Der Magdalenenhof und das Baby im Brunnenschacht

Der Magdalenenhof (Frauengasse 10) hat die beiden Stadtbrände in den Jahren 1714 und 1812 beinahe unversehrt überstanden und zählt daher zu den Gebäuden mit der ältesten Bausubstanz von Baden. Hier wohnten in der ersten Hälfte des 19. Jahrhunderts Ludwig van Beethoven und Franz Grillparzer. Im Keller des Gebäudes soll sich im Jahr 1683, während der Zweiten Türkenbelagerung, eine junge Mutter mit ihrem Baby im Brunnenschacht vor dem Feind versteckt haben. Nach einigen Stunden, die sie halb im Wasser stehend und zitternd vor Kälte und Angst zugebracht hatte, konnte sie sich und ihr Kind retten.

Das Bratfisch-Haus, in dessen Keller Alchemisten ihr Süppchen brauten

Das Gebäude mit der Adresse Frauengasse 6 stammt im Kern aus dem 14. oder 15. Jahrhundert, wurde erstmalig im 16. Jahrhundert umgebaut (was ein die Jahreszahl 1562 tragender Pfeiler im Keller beweist), danach erneut im 17. oder 18. Jahrhundert.

Unterirdisch dürfte es auf dem Grundstück einst hoch her gegangen sein, da im Gewölbe bei handwerklichen Arbeiten ein Alchemistenofen freigelegt wurde. Es heißt, dass es einen Verbindungsgang zum gegenüberliegenden Augustinerkloster gab – es könnte also sein, dass die Mönche den Keller als magisches Versuchslabor benutzten. Darüber hinaus spukt es im hinteren Teil des Kellers angeblich – eine Magd hatte dort in den 1840er-Jahren eine seltsame Gestalt gesehen, die sich in eine Taube verwandelte und flügelschlagend gegen das Kellerfenster flog.

Zu Beginn des 18. Jahrhunderts richtete Matthias Nikolaus Rieder im Haus eine Art Hotelbetrieb inklusive „Sesseltragerei" ein, die 1730 Johann Lorenz Singer übernahm. In seinen Diensten standen die beiden „Flegel" Jakob Ossinger und der selbsternannte „Großsesseltrager" Franz Löderer, die im Gebäude ihres Arbeitgebers zwei Wohnungen gemietet hatten. Die Angestellten in diesem Gewerbe benahmen sich häufig recht derb, wie in Felix Czeikes „Historisches Wien-Lexikon" (Band 5, Wien 2004) zu lesen ist: *Ihre einheitliche Kleidung (rote Röcke) machte sie zu charakteristischen Figuren im Straßenleben, doch wurde auch ihre Grobheit zu einem „Markenzeichen"*. Im September 1753 kam es dann auch zu einem unangenehmen Zwischenfall in Baden: Jakob Ossinger und Franz Löderer hatten an den regnerischen Spätsommertagen jenen Jahres kaum Kundschaft, weshalb der Stadtrichter die beiden Männer zum „Robotdienst" einteilen wollte. Die Sesselträger schickten den

Laufburschen, der ihnen diese Nachricht überbrachte, sinngemäß mit folgenden Worten zum Gericht zurück: „Wenn der etwas von uns will, soll er sich an unseren Arbeitgeber wenden!“ Die beiden Frechdachse erhielten daraufhin einen scharfen Verweis und wurden für den Wiederholungsfall mit einer Gefängnisstrafe bedroht.

Nach Johann Lorenz Singer übernahm Maria Anna Grundgeyer das Haus samt Sesselträgergewerbe. Von 1777 bis 1814 war das Haus im Besitz von Philipp Bratfisch, dessen Nachkommen heute noch als Eigentümer eingetragen sind.

In dem Gebäude (Frauengasse 8) zwischen Magdalenenhof und Bratfisch-Haus wurde im Jahr 1538 Klara, die Tochter des Badener Stadtrichters Bernhard Frankh, „vom Teufel geholt“ (entweder lag eine „Besessenheit“ oder ein Entführungsfall vor).

Haus der Kunst – Badens erstes und zugleich illegales Kasino

Errichtet im Jahr 1818 für den k. k. Staats- und Referenzrat Josef von Hudelist, ging das Gebäude auf dem Kaiser-Franz-Ring 7 um 1900 in den Besitz eines portugiesischen Adeligen über – zu dieser Zeit war das gesamte Anwesen geprägt von mediterranem Flair, im Vorgarten standen sogar Palmen. Den Beinamen „Villa Löwenstein“ erhielt es nach seinem nächsten Eigentümer, Moritz Löwenstein.

Danach befand sich in dem Gebäude Badens erstes Kasino: Im Jahr 1913 richtete eine Glücksspielbankengesellschaft in den prunkvollen Räumlichkeiten der Villa einen illegalen Spielklub ein, getarnt als Verein für offiziell genehmigte „Kursaalspiele“. Das Kasino flog jedoch im Juli 1914 auf und wurde daraufhin geschlossen.

Danach diente das Haus Kaiser Karl zur gelegentlichen Abhaltung von Audienzen.

Im Jahr 1934 öffnete das Kasino im ehemaligen Kurhaus am heutigen Standort offiziell seine Pforten.

Hellbrunner Wasserspiele in Baden

In Baden galt im 18. Jahrhundert der Kupferschmiedgarten hinter dem Haus in der Rathausgasse 10, der wegen seiner Wasserkünste über die Grenzen der Kurstadt hinaus berühmt war, als echte Sehenswürdigkeit. Wie in Hellbrunn in Salzburg wurden dort mit den Fontänen Figuren gebildet, und aus verschiedensten Düsen im Boden sprang das Wasser in unregelmäßigen Abständen empor und bespritzte die begeisterten Zuschauer. Im Jahr 1766 stattete Kaiserin Maria Theresia mit ihrer Schwiegertochter Josepha, die in Baden kurte, dem Garten einen Besuch ab und zeigte sich davon begeistert. In den Sonntagsblättern hieß es in der Ausgabe vom 30. Juli 1843 rückblickend schwärmerisch: *Allerliebst – diese Strahlen, diese Kreuzfeuer, diese Staubregen, diese Bevier-Manoeuvres.*

Im Helenental erfreuten sich die Kurgäste zu Beginn des 19. Jahrhunderts am Waldpark von Marianna Gräfin Alexandrowitsch, gelegen am „Verschönerungsweg“ am Mitterberg (oberhalb der Karlsgasse), und an den Gärten bei der Villa von Baron Johann Ferdinand von Schönfeld mit eigenem Theater im Dachraum (heute Villa Bavaria, Helenenstraße 62).

Das Bad im Herzoghof,
in dem eine Kindsmörderin ertränkt werden sollte

Der Herzoghof und die Verweigerung

Einst Herrensitz der Landesfürsten, von Kaiser Maximilian II. 1575 den Ständen überlassen, danach adeliger Besitz, wurde der Herzoghof 1716 Eigentum der Stadt Baden. Zu Beginn des 20. Jahrhunderts ließ man das alte Gebäude abreißen und ein modernes Hotel erbauen. Die Luxusunterkunft verfügte als erste in Österreich über ein eigenes Telefon, Lichtsignal als Ruf für die Bediensteten und ein Waschbecken mit Kalt- und Warmwasser auf jedem Zimmer. Jede Etage bot außerdem Schwefelwasser-Einzelbäder, gespeist aus der Ursprungsquelle. Aus diesem Herzoghof der früheren Zeit ist ein seltsamer Vorfall bekannt: Der Badener Stadtrichter legte Beschwerde gegen den damaligen Inhaber Oswald Steiner ein, weil der sich weigerte, in seinem Haus das Todesurteil „Sack und Wasser“ zu vollstrecken. Eine Kindsmörderin sollte im Herzogbad, eingenäht in einen Jutebeutel, ertränkt werden. Die Frau blieb jedoch verschont, nachdem Oswald Steiner Einspruch erhoben hatte.

Durch den Schwibbogen

Wie andere Vororte, also das Areal außerhalb der Stadtmauer, hatte auch die Wassergasse ein eigenes Tor in die Stadt, das verschlossen wurde, wenn zu viel Gesindel unterwegs war. Es handelte sich um das „Äußere Fischertor“, einen gemauerten Schwibbogen auf Höhe der Adresse Wassergasse (damals Fischergasse) 10, wo heute die Straße „Am Fischertor“ abzweigt. Außerhalb lagen einige Betriebe, die man wegen der Geruchsbelästigung oder Feuergefahr aus der Stadt verbannt hatte (beispielsweise eine Schmiede im Haus Nr. 8). Im unteren

Teil der Wassergasse, der anno dazumal platzartig angelegt war, befand sich etwa auf Höhe der heutigen Nr. 33 eine Schranke. Da dort einst Jahrmärkte stattfanden, ermöglichte diese Absperrung die Einhebung von Gebühren.

Die Dreifaltigkeitssäule – wo einst Weintraubendiebe bestraft wurden

Der Bau dieses barocken Denkmals am Hauptplatz erfolgte aus Dankbarkeit für die gut überstandene Pestepidemie im Jahr 1713. Als Erde für den Bau der Säule ausgehoben wurde, fanden Arbeiter eine römische Steinbank, auf der sich vor langer Zeit Vertreter des antiken Volkes von den Strapazen des Alltags ausruhten.

Das Fundament der „Pestsäule" stammt aus dem Steinbruch im Kurpark, über den heute Gämsen klettern.

Im Mittelalter stand genau an dieser Stelle der Stadtpranger, an dem beispielsweise Weintraubendiebe zur Strafe „in die Eisen geschlagen" wurden und eine Stunde lang mit einer vollen Butte Weintrauben auf dem Rücken stehen und sich beschimpfen lassen mussten. Nicht selten wurden die „Unholde" damals auch mit rohen Eiern oder verdorbenem Obst und Gemüse beworfen. Ende des 17. Jahrhunderts wurden beispielsweise Schwarzhändler an den Pranger gestellt, die Wäsche von Pestopfern zur Geld machten, anstatt diese, wie vorgeschrieben, zu verbrennen.

Bei Errichtung der Dreifaltigkeitssäule hat man den Pranger auf den Schweinemarkt am Anfang der Pfarrgasse verlegt, der im Jahr 1788 abgetragen wurde.

Die Hausriesen vom Josefsplatz

Die beiden mächtigen, sich auf der Seite Pergerstraße gegenüberliegenden, Gebäude am Josefsplatz mit den Hausnummern 1 und 13 zählten einmal zu den bekanntesten Gastronomiebetrieben der Stadt.

Josef und Theres Ebruster, deren Einnahmen aus dem Pferdefutterhandel durch das verstärkte Aufkommen an modernen Verkehrsmitteln zu Beginn des 20. Jahrhunderts immer stärker zurückgingen, wollten in ihrem Haus mit der Nummer 1 (heute Bank Austria) ein imperiales Kaffeehaus eröffnen. Nach einer Ablehnung des Vorhabens, unter anderem deshalb, weil sich gleich nebenan der geruchsintensive Standort der Fiaker befand (wo heute die Taxis auf Kundschaft warten), erhängte sich Josef Ebruster aus Angst vor dem finanziellen Ruin. Sein Sohn Franz erhielt daraufhin die Konzession für das Gast- und Schankgewerbe. Im Februar 1908 eröffnete er mit seiner Mutter das moderne, bereits mit elektrischem Licht ausgestattete, „Café Josefsplatz". Theres Ebruster begann bald darauf still und heimlich mit der Beherbergung Fremder unter dem Deckmantel „Vermietung von Privatzimmern" und hielt 1919 endlich auch die Erlaubnis zur Führung eines Hotels mit Restaurant in Händen.

Einige Jahre zuvor hatte der ehemalige k. k. Hoffotograf Friedrich Schiller das an der Löwenbrücke gelegene Haus Nummer 13 (heute Finanzamt), gekauft, es abreißen und im Jahr 1908 als feudales Prunkhotel wieder auferstehen lassen. Der Name von Schillers Prestigeobjekt lautete „Bristol" und sollte der Stadt die mondäne Atmosphäre eines noblen Badeorts verleihen.

Die Tramway vor dem Badener Bahnhof

Das gesellschaftliche Zentrum am Bahnhof

Im Juni 1841 öffnete der Bahnhof Baden offiziell seine Pforten und ermöglichte rund 200.000 Passagieren pro Jahr mit bis zu 34 Zügen am Tag eine Fahrt nach Wien oder Wiener Neustadt. Das elegante Biedermeiergebäude bestand aus drei voneinander abgesetzten Blöcken, die Fassade war strukturiert durch Pilaster, Rundbögen und Gesimse. Die Rückwände der Bahnsteige bestanden aus schlanken Pfeilern, die das Dach trugen, dazwischen schufen Glaswände eine luftige Atmosphäre. Vor dem Bahnhof bestiegen die Reisenden den Fiaker (später die Tramway) zur Weiterfahrt.

Zu dieser Zeit entwickelte sich das Bahnhofsrestaurant (Conrad-von-Hötzendorf-Platz 12a) in Kombination mit dem Park zu einem der gesellschaftlichen Zentren der Stadt. Die Badener tranken dort ihren Kaffee und lasen Zeitung, lauschten Konzerten im Pavillon (Erzherzog-Wilhelm-Ring 1–3) oder promenierten in der idyllischen Grünanlage. Darüber hinaus erfuhr man in der Zugstation die neuesten Nachrichten aus Wien – schneller, als diese in der Zeitung standen. Im Nordwesten des Platzes entstand 1845 eine Reitschule, die 1886 dem Neubau des Hotels Central (Conrad-von-Hötzendorf-Platz 6, heute Sitz des Bezirksgerichts und -polizeikommandos) weichen musste.

Heute steht an der Stelle des alten Bahnhofs, der in den 1950er-Jahren „modernisiert“ worden war, eine moderne „Railway-Station“, die gekonnt zeitgemäße Architektur mit den erhaltenen Sichtsteinbögen aus dem Jahr 1841 vereint hat.

Am Brusattiplatz fanden im 19. Jahrhundert häufig große Tombolas und Puppentheater statt

Tiere, Tombolas und Tanzpuppen am Brusattiplatz

Der Brusattiplatz (benannt nach dem Vizebürgermeister Alois Brusatti), der bis 1936 Leopoldsplatz hieß, liegt auf einem ehemaligen Weingarten, der sich einst außerhalb der Stadtmauer befand. Bereits im Jahr 1811 wurde der Gemüsemarkt vom Hauptplatz auf das Areal verlegt, auf dem sich heute der „Grüne Markt" befindet, gefolgt vom Wochenmarkt, der zuvor ebenfalls auf dem Hauptplatz stattgefunden hatte (weiter gab es noch einen Schweinemarkt am Anfang der Pfarrgasse, einen Körnermarkt am Kirchenplatz, einen Strohmarkt in der Waltersdorfer Straße und einen Fischmarkt in der Wassergasse). Im selben Jahr kaufte die Stadtgemeinde weitere Gebäude an, um das Gelände zu vergrößern, nämlich das Leopoldsbad (heute Tourismusbüro und Tourist Information der Stadt Baden) und der Heiligenkreuzerhof (seit dem 13. Jahrhundert Verwaltungsgebäude des stiftseigenen Weinguts, danach Marktamt; heute befindet sich darin unter anderem eine Vinothek). 1861 wurde ein Standbild von Erzherzog Leopold *am Ausgang der neuen Promenade* aufgestellt. 1884 siedelten sich ein Stroh-, Vieh- und Pferdemarkt auf dem Areal an.

Zu jener Zeit konnte man beispielsweise Inserate mit folgendem Wortlaut in der Zeitung lesen: *Baden am Leopoldsplatz – Verschleiss von Leber, Hirn, Beuschel und Zungen* („Badener Bezirksblatt", 17. Juli 1888) oder *8 Stück hochprima Ochsen werden am Leopoldsplatz in Baden zur Besichtigung ausgestellt sein* („Badener Bezirksblatt", 28. Mai 1885).

Im 19. Jahrhundert fanden am Leopoldsplatz außerdem häufig Tombolas statt, deren Reinerlös sozialen Zwecken zu Gute kam.

Ab 1891 wurde der Erzherzog-Rainer-Ring gepflastert und mit Kastanienbäumen bepflanzt, 1909 der Vorplatz betoniert – einerseits um die Staubentwicklung zu reduzieren, andererseits um der Rattenplage entgegenzuwirken. Damals fanden auf dem Markt auch diverse Ausstellungen statt, etwa am 10. März 1894 *eine großartige Ausstellung weltgeschichtlicher Persönlichkeiten … Die einzelnen Figuren bewegen sich mechanisch … Entrée 15 kr.* Darüber hinaus gab es kleine Theaterbuden mit tanzenden Puppen.

Im Jahr 1898 existierte kurzfristig das – letztlich überstimmte – politische Bestreben, das geplante neue Stadttheater auf dem Leopoldsplatz zu errichten (die Bühne blieb dann aber am Theaterplatz, wo sie sich seit 1750 befand, wurde vorerst lediglich saniert und erst zehn Jahre später neu errichtet).

1995 bekam der Markt ein Glasdach und wurde an das städtische Wasser- und Kanalsystem angeschlossen.

Ein Türl für die Lumpen

In früheren Zeiten lagen einige der gut besuchten Schanklokale Badens jenseits der Stadtmauer, deren Tore bei Einbruch der Dunkelheit jedoch gesperrt wurden. Von außerhalb zurückkehren konnte man nur noch durch das so genannte Lumpentürl (in Baden zwischen Pfarrgasse Nr. 2 und 4) – natürlich nur gegen Entrichtung einer kleinen finanziellen Aufwandsentschädigung an den Torhüter, versteht sich. Seinen Namen verdankt die kleine Pforte, und das liegt wohl auf der Hand, den „betrunkenen Lumpen", die spät nachts kichernd und grölend um Einlass ersuchten. Es heißt, dass auch Wolfgang Amadeus Mozart und sein Freund Anton Stoll so manches Mal dort durchgetorkelt sind, wenn sie nach einem ihrer feuchtfröhlichen Ausflüge in die Vorstadt die offizielle Torsperre verpasst hatten. Auch in einigen Lokalen gab es ein

Lumpentürl, durch das die Betrunkenen, die nach Sperrstunde noch ein wenig sitzen bleiben wollten, das Haus verlassen konnten. Eines davon existiert heute noch im Gasthaus „Reichsapfel" (Spiegelgasse 2/Antonsgasse 5). Darüber hinaus lebt die Bezeichnung im Badener Weißwein „Lumpentürl" weiter, der sogar schon einmal in New York bei einem Bankett der Vereinten Nationen kredenzt wurde.

Safranknollen im Austausch für Hulda von Rauhenstein

Der Sage nach hatte Heinrich von Rauhenstein, der damalige Besitzer der gleichnamigen Burg im Helenental, um 1187 seine Tochter Hulda demjenigen versprochen, der ihr das Nützlichste und Angenehmste aus dem Heiligen Land mitbringen und als Brautgabe überreichen würde. Der Ritter Walther von Merkenstein schenkte der schönen Hulda nach seiner Heimkehr vom Kreuzzug Safranknollen und erhielt dafür ihre Hand – auf diese Weise, so sagt man, wurde die Pflanze in Österreich heimisch. Erst im Jahr 1851 verödete in Baden das letzte Safranfeld. Danach führten billige Importe und eine hohe Besteuerung der heimischen Gewächse auch im Rest von Österreich zur Aufgabe des Anbaus.

Die „Badener Zeitung" behauptete in ihrer Ausgabe vom 10. Oktober 1908 allerdings, dass in der Kurstadt noch ein Garten existierte, in dem der „herbstblütige, echte Safran" wuchs.

Im Mittelalter verwendete man Safran vor allem als Heilmittel (in der traditionellen chinesischen Medizin dient er heute noch der Linderung von Frauenleiden und zur Herzstärkung), Gewürz und zum Gelbfärben der Speisen (beispielsweise verlieh er der Rindsuppe ein goldenes Leuchten).

Im Hotel Sacher befand sich im 19. Jahrhundert
eine moderne Therapieanstalt,
in der auch schwedische Heilgymnastik angeboten wurde

Schwedische Heilgymnastik im Sacher

Nahe dem Kirchlein siedelte sich bald ein kleines Gasthaus an, das allerdings aufgrund der hohen Frequenz von trinklustigen Badenern und den vielen Touristen bald aus allen Nähten platzte. Da errichtete Philipp Otto im Jahre 1801 sein Kaffeehaus: „Otto's Casino" (Helenenstraße 55). 1827 wurde daraus das „Brauhaus Rauhenstein", dessen stets gut besuchter Schanigarten und süffiges Bier bald weit über die Stadtgrenzen hinaus bekannt waren. Vor dem Lokal wurden damals auch die gesattelten Esel angebunden, die für Ritte „nach den Krainer-Hütten" bereitstanden. 1884 entstand anstelle des Brauhauses „C. Sacher's Etablissement Helenenthal". Die Gäste erwartete eine moderne Therapieanstalt, die Kaltwasserkuren, Heilmassagen, Behandlungen mit Elektrizität und schwedische Heilgymnastik anbot und damit für ordentliches Aufsehen sorgte. Ende des 19. Jahrhunderts befand sich an dieser Stelle die „Tramway"-Endstation.

Hauswiese – Kurkonzerte und Hunderennen

Am Fuß der Ruine von Scharfeneck liegt an der Schwechat die Hauswiese, auf der einst Ritterturniere stattfanden. Ihren Namen hat das Fleckchen Erde angeblich von ihrer Funktion als Ausweichquartier: Als einst ein Ritter auf der Burg ein Fest gab, zu dem weit mehr Gäste erschienen als erwartet, wurden diese in einem rasch errichteten Zeltlager auf der Wiese „beim festen Haus Scharfeneck" untergebracht.

In der Biedermeierzeit galt die Hauswiese als beliebter Treffpunkt der Badener Gesellschaft, auf der in der Hochsaison häufig

Konzerte stattfanden – beispielsweise schwangen dort Joseph Lanner und Johann Strauss (Vater) den Taktstock. In der zweiten Hälfte des 19. Jahrhunderts wurden auf dem Gelände bei schönem Wetter Pferde- und Hunderennen veranstaltet, welchen häufig auch Erzherzog Rainer beiwohnte.

Heute ist die einst so gut besuchte Wiese, auf der sich an so vielen Sommertagen die High Society von Baden tummelte, teilweise von Wald bedeckt, und an den hübschen kleinen Musikpavillon erinnert nur noch ein kleines Podium. Ab 1895 befand sich auf dem Areal ein Kaffeehaus, das vor allem die Badener Kurgäste gerne besuchten. Daraus wurde eine Jausenstation und danach ein Gasthaus, das bis heute existiert.

Die Leichenhofbrücke

Vermutlich bereits im Mittelalter entstand ein Steg über die Schwechat, der zur Helenenkirche und dem Aufgang zur Burg Rauhenstein führte und zu Beginn des 19. Jahrhunderts „Otto's Casino" mit der Hauswiese verband. 1879 wurde an dieser Stelle die bis heute bestehende Albrechtsbrücke gebaut, welche die Badener Bevölkerung angesichts der Nachbarschaft zum 1832 entstandenen Friedhof von St. Helena (am Hang des Römerbergs) auch „Leichenhofbrücke" nannte.

Die ursprüngliche Grabstätte (heute Tennisanlage Rauhenstein) war häufig von der Schwechat überschwemmt und daher verlegt worden. In den 1830er-Jahren hob der reißende Fluss nach einem starken Unwetter Särge und Skelette aus dem Boden und transportierte sie auf seinen Wellen bis nach Leesdorf.

Die fliegende Braut

Eine nette Legende existiert auch zur Kapelle St. Helena am gegenüberliegenden Flussufer der Burg Rauhenstein. Diese wurde 1518 aus Dankbarkeit für die Rettung einer Rittersbraut errichtet, die beim ausgelassenen Feiern ihrer Hochzeit von der Festung stürzte, von ihrem Schleier durch die Luft getragen und unverletzt unten auf dem Weg landete. Genau an dieser Stelle soll das kleine Gotteshaus erbaut worden sein.

Im 18. Jahrhundert erhielt das Kirchlein im Helenental seine heutige Gestalt. In ihm zu sehen ist unter anderem der „Töpferaltar“, ein Sandsteinrelief aus der Zeit um 1500, gestiftet von der Wiener Töpferinnung für den Stephansdom. Dargestellt ist die heiligste Dreifaltigkeit in menschlicher Gestalt als thronende Könige. Als der Renaissance-Stil aus der Mode kam, wurde der Altar um 50 Gulden an Herrn Franz Anton von Quarient verkauft, der ihn in St. Helena aufstellte.

Weiter gibt es in dem Kirchlein ein Gemälde, das Mitte des 17. Jahrhunderts entstand und Maria mit dem Jesuskind zeigt. Eine Inschrift besagt: *Dieses Bild ist in dem Türkenkrieg von den Tarttaren zerhauet aber nicht vertilget worden im Jahr 1683.* Wer genau schaut, findet tatsächlich einige Beschädigungen, die von Säbelhieben herrühren dürften.

Im Turm des kleinen Gotteshauses hängen außerdem die beiden Glocken der 1945 zerstörten Kapelle von Schloss Weilburg.

Das romantischste Wegerl der Welt

Etwa an der Stelle, an der die Burgruinen Rauheneck und Rauhenstein zu sehen sind, beginnt von der Stadt aus gesehen am linken Ufer der Schwechat das romantischste Wegerl der Welt – das behaupten zumindest die Einheimischen. Die idyllische Promenade für Fußgänger entstand im Zuge der Erschließung dieser Gegend aufgrund des Fremdenverkehrsbooms, den die Anwesenheit von Kaiser Franz II./I. ausgelöst hatte. Als die Straße zwischen Baden und dem heutigen Siegenfeld ausgebaut wurde, hat man zeitgleich im Wald das Wegerl im Helenental angelegt, über dessen Lieblichkeit sogar ein Lied komponiert wurde (von Alexander Steinbrecher).

Auf dieser Route Richtung Westen wanderten schon die Menschen in der Steinzeit, wie durch Relikte aus dieser Zeit belegt werden konnte.

Die im Helenental befindliche Cholerakapelle wurde im Jahre 1831 zur Erinnerung an die damals glückliche Abwendung der Choleragefahr gestiftet. 1847 musste sie vergrößert werden, weil sich dort immer mehr Touristen zu Wallfahrten aufhielten. Ende des 19. Jahrhunderts entstand der heutige Landgasthof „Zur Cholerakapelle“. Hinter dem Lokal, auf dem Burgstallberg, konnte durch Funde eine in der Hallstattzeit auf einer jungsteinzeitlichen Anlage entstandene Siedlung nachgewiesen werden.

Der deutsche Schriftsteller und Landeskundler Albert Müller formulierte seine Begeisterung über diese Gegend in seinem Buch „Die Donau – vom Ursprunge bis zu den Mündungen“ folgendermaßen: *Der grösste Reiz von Baden besteht in seinen anmuthigen Umgebungen, deren Krone das romantische Helenenthal ist, mit seinen schroffen Felsen, von welchen die altersgrauen Ruinen von Rauhenstein, Rauheneck und Scharfeneck in die Fluthen der Schwechat herabschauen.*

Die Krainerhütten und eine Waldarbeiterschenke

Im 18. Jahrhundert siedelte Kaiserin Maria Theresia am Nordhang des Hohen Lindkogels Holzfäller aus der Krain in Slowenien zur Urbarmachung des Helenentals an – die Wohnhütten der Waldarbeiter wurden von der Badener Bevölkerung „Krainerhütten" genannt. Die Holzknechte schufen Anfang des 19. Jahrhunderts eine Schenke am rechten Schwechatufer, in der sie sich abends trafen, tratschten und tranken. Schon bald eilte dem Lokal der Ruf voraus, wohlschmeckende Speisen zu servieren, nachdem dort ein französischer Deserteur Unterschlupf gefunden und den Holzfällerfrauen das Kochen nach Rezepten seiner Heimat beigebracht hatte. Aus der einstigen Schenke der Waldarbeiter entstand später das beliebte Ausflugsziel und Speiselokal „Krainerhütte", in der häufig auch Adelige Station machten, beispielsweise Kronprinz Rudolf auf seiner Fahrt zum Jagdschloss in Mayerling. Im angebauten Hotel stiegen im 20. Jahrhundert vorwiegend einflussreiche Gäste der Stadt Baden und reiche Geschäftsleute ab.

Bäckerei Zinober im Beethovenhaus 1930.

Erwähnenswerte Hausnamen

Aus „… zu besserer erkanntnus“,
Katalogblätter des Rollettmuseums Baden, Nr. 5

Ab dem 17. Jahrhundert war Baden innerhalb der Stadtmauer in Viertel geteilt: Kirchviertel (Pfarrgasse), Wasser- oder Fischerviertel (Wassergasse mit dem anschließenden Teil des Hauptplatzes), Frauenviertel (Frauengasse, Rathausgasse und anschließender Teil des Hauptplatzes) und Rennviertel (Beethovengasse, Renngasse, Theresiengasse). Dieses Areal stellt heute im Wesentlichen die Fußgängerzone dar. Übrigens war auch die Bevölkerung „geviertelt“, es gab Bürger (mussten bürgerliches Haus besitzen und ein Gewerbe ausüben), Mitbürger (Gewerbetreibende ohne eigenes Haus), Inwohner (Bewohner von Mietwohnungen) und Dienstleute (die in der Familie ihrer Dienstgeber lebten).

Außerhalb der Stadtmauer lagen die Gebiete Wiener Vorstadt (Antons- und Annagasse), Spitalviertel (Heiligenkreuzergasse), Wasser- oder Fischerviertel vor der Stadt (mittlere und untere Wassergasse) und Rennviertel vor der Stadt (Marchetstraße bis Pelzgasse).

Alle wichtigen Straßen trugen damals zur besseren Orientierung einen Namen, die anderen hießen einfach „weeg“ oder „gasse“. Die Häuser besaßen vielfach Eigennamen, damit man auch abseits der „Hauptverkehrsachsen“ durch die Stadt leicht einprägsame Anschriften nennen konnte – es hieß dann beispielsweise: *das Haus „Zum Lamm“ am weeg im Kirchenviertel.* Die Lokalisierung der Häuser, die (noch) keine eigene Bezeichnung erhalten hatten, erfolgte in Bezug auf die markantesten Namen in der Nähe, etwa *das dritte Haus neben dem „Zum Elefanten“.* Natürlich konnte jeder Inhaber sein Eigenheim jederzeit taufen und mit einer markanten Tafel oder kunstvollen

Malerei an der Fassade dafür sorgen, dass sich die Bezeichnung rasch herumsprach. Nur bei heiklen Fällen war es ratsam, die Zustimmung der Stadtväter einzuholen. Bei diesen Adressangaben handelte es sich um ein perfekt funktionierendes System, das bis Mitte des 19. Jahrhunderts parallel zu den Hausnummern bestand.

Die Eigennamen beziehungsweise Hauszeichen existierten in Baden ab dem 14. Jahrhundert und bezogen sich auf den Namen („Bratfisch-Haus“) oder Beruf des Besitzers („Zum Goldenen Stiefel“), deren persönliche Vorlieben oder Ideologien („Zur Eintracht“ – so nannte beispielsweise einst ein Mann sein Heim, das er mit seiner Schwiegermutter teilen musste), einen Schutzheiligen („Zum hl. Florian“), eine Funktion („Zechgrübel“, der heutige „Reichsapfel“ in der Spiegelgasse 2/Antonsgasse 5), Besonderheiten des Hauses oder in dessen der Umgebung („Zum Sommerbrunnen“, weil der Brunnen im Hof auch bei größter Hitze nie austrocknete) oder markante Ereignisse im Zusammenhang mit dem Gebäude („Zum Scheibapflischen Unglücksspiegel“, als Erinnerung an einen Selbstmord im 17. Jahrhundert).

In der Gegenwart verklärter Inbegriff von Idylle längst vergangener Zeiten, waren diese Eigennamen und Hauszeichen zu jener Zeit wichtige Hinweise für die vielen Analphabeten, die es damals noch gab.

Folgend einige Beispiele nicht mehr oder noch existenter Hausnamen:

„Zur Arche Noah" (1829)

Kaiser-Franz-Josef-Ring 27
Der Name bezog sich auf dessen Lage am damals noch unverbauten Schwechatufer.

„Zum Aspirinpalast"

(ab ca. 1935, früher Gasthaus „Zum Kaiser von Österreich")
Antonsgasse 21–23
Wohnhausanlage der Gebietskrankenkasse.

„Das Batzenhäusl" (1692, seit 1909)

Pfarrgasse 9
Vermutlich benannt nach dem einst gebräuchlichen Geldstück „Batzen", den man dort bei der Einkehr loswurde.

„Zur Goldenen Birn" (1818–1822)

Kaiser-Franz-Ring 15
1814 als „Haus auf dem Gottesacker erwähnt", wurde aus dem Gebäude vier Jahre später ein Gasthaus.

„Das Brautkammerhaus" (ab Beginn des 19. Jahrhunderts)

Hauptplatz 3
Der Name geht auf die Legende zurück, dass in dem Haus einst ein Mann seine Tochter einmauerte, um zu verhindern, dass sie mit dem Sohn des verfeindeten Nachbarn zusammenkam. Der Bursche brach von seiner Seite aus jedoch die Wand durch und konnte so seine Geliebte aus ihrem Gefängnis befreien.

„Zum Schwarzen Bock“ (1679, bis ca. 1990)

Pergerstraße 12

Der Legende nach wurde der Badener Ritter Gerwig Auer von Herrenkirchen, als er einmal spät nachts in dieser Gegend eine Unterkunft suchte, an jener Stelle von einem Dieb überfallen. Als er aus seiner Ohnmacht erwachte, sah er einen großen schwarzen Ziegenbock in seiner Nähe weiden. So erhielt die Unterkunft, die er dort zum Schutz für nächtliche Wanderer erbauen ließ, seinen Namen.

„Brunnengalgenrei“ (1646–1822)

Neustiftgasse 26

Benannt nach dem Brunnengalgen (Aufbau über der Wasserquelle) in Kombination mit dem Wort „Reigen“ – da es früher Brauch war, um einen Brunnen zu tanzen.

„Die Carbonnadelburg“ (1834, 1895)

Erzherzog-Rainer-Ring 21

Der Legende nach benannt nach einem dort wohnhaften Koch, der sein Geld vorwiegend mit der Zubereitung der Leibspeise von Erzherzog Karl von Österreich-Teschen, dem Carbonnadelbraten (= Fleischbraten), verdiente.

„Zum hl. Dismas“ (1766–1802)

Pelzgasse 16

Der Name stammte vermutlich von bösartigen Nachbarn, die den Bewohner als Dieb oder Betrüger diskreditieren wollten. Dismas hieß laut Legende einer der beiden Räuber, die gemeinsam mit Christus gekreuzigt wurden.

„Beim Schwarzen Elefanten“ (1635)

Wassergasse 1

Benennung zu Ehren Kaiser Maximilians II., der auf seiner Brautreise von Spanien nach Wien einen Elefanten mitführte.

„Zur Englischen Köchin“ (1816)

Heiligenkreuzergasse 3
Es handelte sich um ein Gasthaus, das Speisen *auf englische Art zubereitet* servierte.

„Zum Großen Fischfang“ (1805)

Heiligenkreuzergasse 5
Der Name diente als Glückssymbol der in dem Haus lebenden Fischerfamilien.

„Florastöckl“ (seit 1816)

Breyerstraße 4 (BRG Frauengasse)
Benannt nach der antiken Göttin Flora, die mit ihrem Füllhorn Reichtum und Überfluss verheißt.

„Zum Freischütz“ (1867, 1925)

Antonsgasse 24/Palffygasse 46
Gasthaus, dessen Name von Karl Maria v. Webers Oper inspiriert wurde, in dem den Gästen „Jägerromantik“ suggeriert werden sollte.

„Die Gänseweid“ (1545)

Annagasse 2
Benannt nach den Gänsen, die man einst auf dem freien Gelände nahe des Hauses zur Weide am Mühlbach trieb.

„Die Gemalene Mühle“ (um 1900)

Wassergasse 16
Es handelte sich dabei nicht um ein Paradoxon, zu dem offensichtlich das „h“ fehlt, sondern um eine besonders auffällig angemalte Mühle.

„Zum Weißen Lämpl“ (1639, 1699, 1704)

Peterhofgasse 3

Einst Quartier schwarzer Schafe (Prostituierter), wurde das Hofwirtshaus „Zum Weißen Lämpel“ später „Zum Goldenen Löwen“. Die steinernen Löwen sind heute noch am Restgebäude zu sehen.

„Metternichhof“ (verschiedenste Namensvarianten seit 1892)

Theresiengasse 8–10

Benannt nach seinem einstigen Besitzer Klemens Wenzel Lothar Fürst von Metternich.

„Zur Roten Rose“ und „Zur Weißen Rose“ (1805)

Hauptplatz 11 und Hauptplatz 13

Es wird vermutet, dass sich die Namen der benachbarten Häuser aufeinander bezogen und vermutlich ein Liebesgeheimnis dahinter steckte.

„Zum Sandwirt“ (1868)

Renngasse 10–12

Benannt nach dem Freiheitskämpfer Andreas Hofer, der in Tirol selbst Wirt des elterlichen Sandhofes und somit Sandwirt war.

„Scheibapflischer Unglückspiegel“ (1646–1822)

Wassergasse 5

Der Namen dient der Erinnerung an Gregor Scheibapfel, der sich 1631 nach dem Tod seiner Frau Barbara und der beiden gemeinsamen Kinder das Leben nahm. Das Wort „Unglücksspiegel“ deutet daraufhin, dass jeder Mensch im Spiegel seine eigenen Unzulänglichkeiten erkennen und diese reflektieren sollte, bevor es zu spät ist.

„Der Streiterhof“ (seit 1446)

Leesdorfer Hauptstraße 64

Ehemals benannt nach dem ersten Besitzer Thomas Streiter, befindet sich in dem Haus seit 1970 der Heurigenbetrieb der Familie Märzweiler.

„Zeilnussbäum“ (1646–1822)

Rohrgasse 18

Der Name dient der Bezeichnung als Haus in einer Nussbaumallee (Zeile).

Der Zuckerbäcker Melkerhof in der Pfarrgasse 8 im Jahr 1898

Badener Kipfel - Interessante Stadtgeschichten

Moritz von Saphir veröffentliche ab 1845 seine „Badener Kipfel“, humoristische Anekdoten oder Gedichte über die Sommerfrische in der Kurstadt (unter anderem in seiner selbst herausgegebenen Zeitschrift „Der Humorist“), die Schauspielerin Katharina Schratt trug in Wien am Theater aufgrund ihrer Herkunft den Beinamen „Badener Kipfel“ und im 19. Jahrhundert lautete ein beliebter Werbeslogan der heimischen Bäcker: Wer will vom Glück ein kleines Zipfel, genieße Baden und sein Kipfel! Laut Moritz von Saphir waren die Köstlichkeiten nirgendwo sonst in solcher Qualität zu haben. Von Baden aus verbreitete sich die Spezialität durch Mitglieder der Familie Rothschild bis nach London und Paris, die für die Zubereitung extra Bäcker aus der Kurstadt anreisen ließen.

Der Legende nach ließen die Türken nach ihrer Niederlage und dem folgenden überstürzten Abzug im Jahr 1683 neben ihrem Kaffee auch Gebäck in Form eines Halbmonds zurück. Die Österreicher tauften die „süßen gebogenen Brotstücke“ auf den Namen „Kipfel“ und genossen sie mit Butter und Marmelade oder eingetunkt in den türkischen Kaffee. Schon bald wurde das osmanische Gebäck zum fixen Bestandteil der Kaffeehauskultur, auch in Baden.

Folgend nun einige interessante Stadtgeschichten – beginnend mit zwei romantischen Begebenheiten, in denen unter anderem Kipfel eine bedeutsame Rolle spielten.

Ein erfinderisches Liebespaar

Es trug sich im 19. Jahrhundert zu, als es einem Mädchen und einem Burschen aufgrund ihres unterschiedlichen Standes von den Eltern untersagt worden war, einander zu sehen. Doch das Liebespaar umging das Verbot und hinterließ für den jeweils anderen kleine Botschaften in Badener Kipferln, die ein Bäcker für sie in seinem „süßen Brot“ deponierte. Der Verbündete war ein Onkel des Mädchens, betrieb sein Geschäft in der Nähe der Wohnadresse seiner Nichte und unterstützte die aufblühenden Gefühle zwischen den beiden jungen Leuten. Auf den Zetteln befanden sich Liebesgedichte oder Nachrichten, wann und wo die beiden einander treffen würden. Schließlich waren das Mädchen und ihr Verehrer alt genug und verlobten sich gegen den Willen ihrer Eltern. Als diese von der jahrelangen Liebesbeziehung erfuhren, gaben sie endlich ihren Segen zur Hochzeit.

Butterkipfel = Krainerhütte

Im „Fremden-Blatt“ vom 3. September 1860 wird folgende wahre Geschichte erzählt: *[…] haben zwei Liebende, von denen das Eine ostwärts und das andere westwärts vom Helenenthale ihre Lager aufgeschlagen haben, trotz grimmiger Ueberwachung ein*

Mittel zum gegenseitigen Verkehr und Verständnis gefunden, das an Originalität alles bisher Gebotene weit übertrifft. Korrespondenz durch Blicke, Boten, Blumen, Kleidung ist dagewesen, aber Briefwechsel mittelst Kipfeln, ein Austausch von Liebesschwüren und geknetete Rendezvous dürften wohl zu den neuesten Produkten im Gebiete der Liebesintriguen gehören. Kürzlich trat ein junger Mann in einen Bäckerladen in Baden und bat die Leiterin des Geschäftes, die Herrin über Mundsemmeln und Butterkipfeln, um die Vergünstigung, ihm täglich mitzutheilen, welche Art von Gebäck eine näher bezeichnete Dame, die täglich en passant eine Anzahl Kipfeln zu kaufen pflegte, sich von nun an aussuchen würde. Die Bäckerstochter, die ihre Gefühlswelt nicht allein auf die ihr anvertrauten Gebilde aus Mehl und Zucker erstreckte, sondern auch für Herzensangelegenheiten ein zartes Mitgefühl besaß, ahnte die Wünsche des jungen Mannes, der wahrscheinlich seine Schmerzen in dem gleichen von der Geliebten genossenen Gebäck verbeißen wollte, und versprach ihrem neuen Kunden eine genaue Erfüllung seiner Wünsche. Seit diesem Tage konnten Vater und Mutter des streng gehüteten Mädchens in Baden bleiben oder mit ihrem losen Kinde auf vier Meilen in der Runde sich entfernen; der für die Herzensruhe des Mädchens furchtbare junge Mann fand sich überall ein, wo die Holdselige weilte. Erst als die Liebenden vereint waren, klärte sich die fast unbegreiflich gewordene Allgegenwart des jungen Mannes auf.

Das Mädchen kaufte stets vor Beginn der Landpartie in Gegenwart der Mutter in dem erwähnten Bäckerladen Proviant, und bei dieser Gelegenheit nahm sie außer den obligaten Kipfeln stets ein Stück Extragebäck mit, das dem jungen Manne, der fünf Minuten später Nachfrage hielt, den Ort des Ausflugs bedeutete. Die Symbole waren sehr sinnig gewählt. So bedeutete Butterkipfel „Krainerhütte", Paunzerl hieß „Jammerpepi", Wecken bedeutete Vöslau, Mohnkipfel hieß Theater, unter Kaisersemmel verstand sie Weilburg, und kaufte sie gar einen „Hausmeister", so hieß dies ironisch: Zu Hause bleiben.

Schratt's Gugelhupf

Im Rollett-Museum wird das handgeschriebene Rezeptbuch von Katharina Schratt, der Mutter der gleichnamigen Schauspielerin, die in Baden geboren wurde, aufbewahrt. Die ersten Eintragungen, beginnend mit „In Gottes Namen angefangen", stammen aus dem Jahr 1844, als die Köchin gerade einmal 19 Jahre alt war. Insgesamt befinden sich in dem Buch auf 137 Seiten 123 Rezepte. Ihre Tochter hat viele der Rezepte übernommen und damit nicht nur ihren Ehemann, sondern auch ihren Freund Kaiser Franz Joseph verwöhnt, der vor allem ihren selbst gemachten Guglhupf über alles liebte und in zahlreichen Gesprächen ausdrücklich erwähnte.

Sehr guter Guglhupf

Man treibt ½ lb [Pfund; 28 dag] Rindsschmalz sehr pflaumig [flaumig] ab. Also hat man sich gerichtet 2 lb [1,12 kg] gesiebtes feines Mehl und 12 Eier. Man gibt dann in das abgetriebene Schmalz etwas Zucker und Salz und Lemonyschäller [Zitronenschale], 1 ganzes Eier und einen Dotter, 3 Esslöffel voll Mehl. Das gibt man auf einmal hinein, verrührt es sehr gut und fahrt so fort, bis die 12 Eier und das Mehl gar ist. Dann mischt man 2 Löffel etwas gute Germ mit einen halben Seidel [2 dl] Obers, gehörig Weinbeerln und Zibeben [Rosinen] unter die Massa. Also hat man sich schon den Form [die Guglhupfform] ausgeschmiert, ihn mit Mehl bestaubt und mit länglicht geschnittene Mandeln ausgelegt. Also man füllt die Massa nicht ganz voll ein, nur so stark halbvoll. Also man deckt ihn zu mit einem Serviette oder Papier und lässt ihn gehen an einen warmen Orte, doch nicht zuviel – nur so, dass die Form voll ist (doch nicht zu voll, denn man darf ihn auch nicht übergehen lassen). Auch darf man ihn nicht zu schnell gehen lassen. Also bacht [bäckt] man ihn ziemlich gäh [schnell], man darf die Rehrn [Backrohr] auch nicht zu oft aufmachen, überhaupt anfangs, denn sonst wird er sehr leicht speckicht. Man muss wohl öfters nachsehen, dass die Rehrn nicht zu heiß ist. Sieht man, dass er schon etwas eine Farbe hat, so deckt man ein Papier darauf. Es muss beinahe unumgänglich ein Türckenbund [Gugelhupfform] sein, weil er sich in einen runden Model viel schöner bacht. Man muss sehr vorsichtig sein beim Bachen und ihn ziemlich gäh bachen. Die Weinbeerln und Zibeben ist es sehr gut, wenn man sie erst darunter mischt, wenn man die Massa einfüllt.

(Henriette Povse: „Das Kochbuch der Familie Schratt. Kulinarische Geschichten aus Baden", Sutton Verlag, Erfurt 2012)

Der Absinth des Zuckerbäckers

Bei Absinth, in den 1890er-Jahren als alkoholisches Modegetränk verkauft, handelte es sich ursprünglich um ein Heilelixier, das erstmalig in der Mitte des 18. Jahrhunderts in der Schweiz gebraut wurde. Aufgrund der grünlichen Färbung, die durch die Mischung von Wermut mit Anis und Fenchel sowie verschiedensten Kräutern entsteht, lautet eine andere Bezeichnung für den Likör „grüne Fee". Im 19. Jahrhundert war Absinth, dessen Konsum regelrecht zelebriert wurde, vor allem in Künstlerkreisen sehr beliebt, beispielsweise bei Edgar Allan Poe, Charles Baudelaire, Oscar Wilde und Vincent van Gogh.

In Baden stellte Absinth der um 1826 registrierte Zuckerbäcker Joseph Genthon her (Geschäft am Hauptplatz 5), der regelmäßig in diversen Zeitungen inserierte und sein Produkt als „erquickendes und wiederbelebendes Mittel gegen – wegen geistiger und körperlicher Anstrengungen – gesunkene Lebenskräfte" und als Heilmittel bei „Trägheit der Gedärme und Verhaltung der Winde" anpries. Eine Kiste mit 80 Flaschen kostete damals 100 Gulden (umgerechnet und in Relation gesetzt etwa 1.800 Euro). Joseph Genthon wurde mit seinem Likör „in allen Teilen der Monarchie" berühmt.

Kaffee und Kaffeebonbons

Im Jahr 1707 wurde in Baden der erste Kaffeesieder erwähnt, im Jahr 1786 eröffnete Philipp Otto auf dem Hauptplatz sein „Casino" (Kaffeehaus mit illegalem Glücksspiel an der heutigen Adresse Hauptplatz 16, Sparkassengebäude). Im Jahre 1801 errichtete er zusätzlich „Otto's Casino" im Helenental.

Etwa zur gleichen Zeit entstand das „Café Scheiner", dann umbenannt in „Café Schopf". Man konnte hier Kaffee trinken, Zeitung lesen und Billard spielen, außerdem spät nachts illegal dem Glücksspiel frönen. 1841 folgte das bekannte „Café Central" (zuvor „Neugebäude" und „Das Grüne Haus") am Hauptplatz, das heute noch existiert. Allerdings hieß es zu Beginn des 20. Jahrhunderts „Café Français", da man sich in Baden weltoffen gab. Im Ersten Weltkrieg jedoch wurden die Franzosen zu Feinden und das Lokal zum „Café Central".

In der Kurstadt gab es allerdings nicht nur das gute alte Bohnengetränk, sondern ab Ende des 19. Jahrhunderts auch gerösteten Feigenkaffee zu kaufen, beispielsweise bei Zuckerbäcker Georg Rauch im Melkerhof (Pfarrgasse 8).

Die Badener liebten jedenfalls von jeher aromatischen Kaffee, es verwundert daher kaum, dass genau in dieser Stadt das weltberühmte Kaffeebonbon entstand. Und wer hat's erfunden? Der Joseph Genthon war's, der auch den Absinth braute.

Kaffeebonbons, Badener

Gekochter Zucker 3/16 l
Schwarzer Kaffee 3/16 l
Vanille ½ Schote
Schlagobers 1/8 l
Kartoffelsirup 20 g und Mandelöl oder Butter für die Marmorplatte, auf die die Masse gegossen wird … Nach dem Erkalten werden die „Zeltchen" auseinandergebrochen, in fettundurchlässiges Papier und hernach meist in Rosapapier gehüllt.

Adolf und Olga Hess: „Wiener Küche", Verlag A&M, Salzburg 2004)

Schwarzgelbowitz

Während der Europäischen Revolutionen in den Jahren 1848/49, die vorwiegend in den großen Städten des Landes stattfanden, flüchteten zahlreiche Menschen nach Baden. Die kaisertreue und patriotische Kurstadt bot den Flüchtenden bereitwillig „Asyl" (unter anderem auch Franz Grillparzer), was ihr den Namen Schwarzgelbowitz (nach den Farben der Monarchie Schwarz-Gelb) eintrug. In der Zeitung „Wiener Katzenmusik" stand am 17. Oktober 1848: *Alles, was feige und schwarzgelb in Wien ist, flüchtete sich nach der großen Bewegung am 6. Oktober nach Baden. […]*

Eine Massendemo in Baden

Im Jahr 1871 plante der Badener Fortschritts-Verein unter der Leitung von Hermann Rollett am Ende des Deutsch-Französischen Kriegs eine Sieges- und Friedensfeier in der Stadt. Deren Abhaltung in der Öffentlichkeit wurde jedoch von der Bezirkshauptmannschaft verboten. Man veranstaltete daher am 18. März eine private, geschlossene Veranstaltung im Hotel „Zur Stadt Wien" (Hauptplatz 15, heute Sparkassengebäude), zu der etwa 150 Personen eingeladen waren. Doch das Fest löste innerhalb der Bevölkerung Proteste aus, sodass es vor dem Gebäude zu einer Demonstration kam und dort ein „wahres Höllenspektakel" losbrach. Die aufgebrachte Menschenmenge buhte, schrie und pfiff und erzwang damit letztlich den Abbruch der Veranstaltung. Dem gesunden Menschenverstand des „kleinen patriotischen Mannes" schien es unverständlich, eine Jubelfeier für die Preußen zu inszenieren, die Österreich im Jahr 1866 in einem Krieg, in dem Tausende Söhne des Volks ihr Leben lassen mussten, besiegt hatten. Der Bezirkshauptmann forderte die Teilnehmer auf, das Lokal zu verlassen. Als diese sich weigerten, mit dem Hinweis darauf, dass eine Feier im privaten Rahmen hinter verschlossenen Türen erlaubt sein müsste, ließ er den Gasometer abdrehen. So mussten die Feiernden durch das dunkle Hotel ins Freie tappen.

Heiratsschwindler in der Kurstadt

Im Sommer des Jahres 1890 wurde am Badener Bahnhof ein raffinierter Heiratsschwindler verhaftet, der sich als Reisebegleiter eines französischen Grafen ausgegeben und der Tochter eines Vöslauer Fiakers nach einem Heiratsversprechen eine größere Summe Geldes herausgelockt hatte.

Der Hochstapler und Heiratsschwindler Ferdinand Mannschein hat im Jahr 1898 als angeblicher Ingenieur der neuen Wasserleitung für „Ausmessungen" zahlreiche Kunden um ihr Geld betrogen und Frauen in Baden mit Liebesschwüren immer wieder kleinere Beträge für sein tägliches Auskommen abgeknöpft.

Der 21-jährige Ungar Geza Fiath, der sich in Baden Baron Geza Fürth nannte, stieg in den besten Hotels der Stadt ab, um einen guten Eindruck bei seinen Opfern zu hinterlassen. Er schlich sich in die Familien junger Damen ein und bestahl deren Eltern. Danach verschwand er aus dem Hotel, ohne zu bezahlen. Weiter soll er auch in der Eisenbahn wohlhabende Passagiere bestohlen und mit der Beute vom fahrenden Zug abgesprungen sein.

Im Jahr 1909 wurde der in Baden ansässige Fotograf Franz Renner als Heiratsschwindler entlarvt. Er hatte von seiner Lebensgefährtin nach einiger Zeit des Zusammenlebens 800 Kronen (umgerechnet und in Relation gesetzt etwa 4.000 Euro) erbettelt und ihr Wäsche und Kleider entwendet, bevor er flüchtete. Er wurde Tage später in Wien verhaftet.

Der gespendete Keuschheitsgürtel von einem anonymen Herrn

Der Badener Museumsverein vermeldete im Jahr 1891, großartige Spenden für das Haus erhalten zu haben, etwa ein Ölgemälde, das Franz Grillparzer darstellt, ein römisches Hufeisen, eine Verordnung von Kaiser Joseph II. aus dem Jahr 1783 „betreffs Ehesachen", einen Guglhut aus Stroh und einen Keuschheitsgürtel (von einem Herrn aus Baden, der anonym, bleiben wollte).

Späte Heimkehr aus Konstantinopel

In Baden lebte einst der Hufschmied Adam Knoll (im Haus Antonsgasse 11), der 1680 starb und seine Gattin Elisabeth mit drei kleinen Kindern zurückließ. Die junge Mutter heiratete, um versorgt zu sein, Georg Stancko. Im Verlauf der Kämpfe während der Zweiten Wiener Türkenbelagerung 1683, waren Elisabeth und deren jüngste Tochter Sophia verschollen, man vermutete eine Verschleppung in die Türkei. Der Stiefvater erhielt daraufhin das Haus und die beiden verbliebenen Kinder, außerdem je 125 Gulden und einen Weingarten. Sophias Erbteil wurde auf der Gemeinde hinterlegt. Das Leben nahm seinen Lauf, als im Jahr 1700 plötzlich eine junge Frau in Wien ankam, die von Mitgliedern eines Ordens als Sklavin freigekauft worden war. Sie stellte sich vor mit den Worten: „Ich bin die Knoll, Schmiedstochter von Baden." Bald darauf konnte sie ihr Stiefvater anhand zweier linsenförmiger Muttermale im Gesicht eindeutig identifizieren. Ihre Mutter hatte mittlerweile in der Fremde das Zeitliche gesegnet. Die 20-Jährige, die in

Konstantinopel aufgewachsen und somit das Großstadtleben und den Trubel gewohnt war, wollte jedoch in Wien bleiben und dort arbeiten – immerhin sprach sie neben Deutsch auch fließend Türkisch und Griechisch. Das erlaubte man aber nicht und bestellte einen Vormund, der sie in sein Haus aufnehmen sollte. Die Wahl fiel auf den Bäckermeister Anton Schwab, der damit auch Sophias Erbe erhielt und verwaltete. Als sich die „Wilde" aber allen bürgerlichen Regeln widersetzte und es niemand mit ihr aushielt, wurde sie im Jahr 1704 endlich als Dolmetscherin nach Wien geschickt und in die Obhut ihres Arbeitgebers Markus Anton übergeben. Zu dem Zeitpunkt war sie aber ohnehin schon fast volljährig. Bald darauf heiratete Sophia und wurde zuletzt doch noch glücklich.

Der Apothekerskandal

Zu Beginn des 19. Jahrhunderts wurden in der Badener Landschaftsapotheke, der damals einzigen legalen Medikamentenausgabestelle der Stadt, Tabletten, Tinkturen und Tränke nicht nach Vorschrift und mit nur rund einem Drittel des Wirkstoffes zubereitet. Dieser Umstand wurde anonym zur Anzeige gebracht. Eine Kontrolle durch einen heimlich eingeschleusten Testkäufer bewies die Richtigkeit der Behauptung. Und schon hatte Baden einen handfesten Apothekerskandal.

Die erste ausdrückliche Nennung eines Apothekers erfolgte in Baden übrigens im Jahr 1518.

In den Badeanstalten begaben sich die Gäste
in die kundigen Hände versierter Bader

Die Bader von Baden

Die Badestuben nahe den Heilquellen wurden von gelernten Badern betrieben, die sich mithilfe einer „Bade-Magd“ nicht nur als Körperwäscher zum *Schrubben und Zwagen*, also zur Befreiung *des Leibes von verdorbenen Säften und Körperdünsten* betätigten, sondern auch als Laien-Mediziner. Meist wurden sie von jenen Menschen aufgesucht, die sich keinen Besuch beim „studierten Doktor“ leisten konnten. Allerdings traten nicht selten auch Ärzte mit Jobs an sie heran, die sie selbst nicht übernehmen wollten, beispielsweise Aderlass, Schröpfen, Zähne ziehen, Behandlung offener Wunden, chirurgische Eingriffe sowie Beschau von Aussätzigen und Leichen. Darüber hinaus arbeiteten die Bader als Kosmetiker, Masseure, Barbiere und Friseure, handelten außerdem mit Heilkräutern, die ihnen von „Kräuterfrauen“ und „Wurzelgrabern“ aus der Gegend angeliefert wurden. In einer Art Nebentätigkeit übten manche von ihnen zusätzlich den Beruf des Heiratsvermittlers und Bordellbetreibers aus, denn seit jeher galten die Badehäuser als „Herbergen der Leichtfertigkeit“ – aus dieser Zeit existieren zahlreiche Berichte über „das unzüchtige Treiben in den Badezubern“, das auch in Baden nicht selten für das eine oder andere Skandälchen sorgte.

Die Bader waren allerdings vor allem den Apothekern ein echter Dorn im Auge. So klagte etwa Franz Schidler im Jahr 1743 den Betreiber des Schwitzbads „im Baumgarten“ (Neustiftgasse 6, benannt nach den ehemaligen Obstbaumgärten der Herren von Baden), Josef Staininger, *weil dieser nicht nur allein dem barbierer und baader in ihren professionen eintrag thue, sondern auch sich unterfange, medicin auszugeben und interne zu curiren.* Der Stadtrichter drohte mit Entfernung aus der Stadt, woraufhin sich Josef Staininger nichts mehr zuschulden kommen ließ – oder nicht mehr erwischt wurde. Weitere Badestuben gab es im Mittelalter in den Häusern Hauptplatz 21 und Pelzgasse 13 (später Bäckermühle).

Baden im Visier der Geheimpolizei

Im 19. Jahrhundert stellte Baden eine Kurstadt mit Rang und Namen dar, die vom gesamteuropäischen Hochadel besucht wurde – wie es hieß nicht nur zum Flanieren und Kuren, sondern auch um wichtige Geschäfte abzuschließen. Vor allem die Herren genossen den gesellschaftlichen Umgang mit ihresgleichen und den Austausch mit adäquaten Gesprächspartnern und „Kollegen". So blieb es nicht aus, dass Überwachungsorgane in die Stadt gesandt wurden, deren Bespitzelung der illustren Kurgäste gewährleisten sollten, dass diese ihre Aufenthalte und Treffen nicht zu politischen Zwecken oder illegalen Machenschaften missbrauchten. Die „Inspektionskommissäre" mussten sowohl der Polizeibehörde wie auch dem Kaiser Bericht erstatten. Während der geheimen Beobachtungen der Kurgäste wurden die Spione allerdings ungewollt vielfach für Vertraute gehalten und mit diversen Problemen der Menschen vor Ort konfrontiert. Sie mussten sich, häufig mehr als es ihren vorgesetzten Dienststellen lieb war, mit den vielfältigen Alltagssorgen der Kurgäste und Bewohner beschäftigen und prägten damit automatisch den Charakter der Stadt zu jener Zeit mit.

Der Eklat im Frauenbad

Zu den beliebtesten Badeanstalten der Stadt zählte zu Beginn des 19. Jahrhunderts das Frauenbad am Josefsplatz, ein für beide Geschlechter gemeinsames Gesellschaftsbad mit einem großen, 390 Hektoliter fassenden Bassin und einer Wassertemperatur von etwa 35 Grad C. Alle Wände wie auch das Becken waren mit Marmor getäfelt, der Fußboden bestand aus Terrazzo.

Und in dieser luxuriösen Badeanstalt kam es im Juni des Jahres 1806 zu einem Eklat zwischen zwei Männern und zwei Frauen. Die Grafen Colloredo und Paar waren im Verlauf ihres Aufenthalts im Bassin zur Schnecke, einem wendeltreppenartigen Zugang von den Umkleidekabinen zum Wasser, geschwommen und tauchten dort zum Entsetzen der Fürstin Dolgoruki und der Frau von Moccenigo unvermutet auf. Die beiden Damen kreischten vor Schreck, die Fürstin rief empört (sinngemäß): „Wegen dieser Männer wäre ich fast in Ohnmacht gefallen!", während die Frau von Mocceniago schreiend zu den Umkleidekabinen lief. Weitere weibliche Badegäste mischten sich ein und beschimpften die beiden Männer als „Unholde", bis diese beschämt das Bad verließen.

Die Bleisäume in Badens Badekleidung

In den „Kulturhistorischen Schriften", Band 2, von Hubertus van Hoogen (Reinhard Welz Vermittler Verlag, Mannheim, Neufassung 2005) heißt es im Kapitel „Geistes- und Körperpflege": *Die benachbarte Stadt Baden wird aus Wien sowohl wegen der warmen Bäder und Gesellschaften, als wegen anderer Ergötzlichkeiten fleißig besucht. Es badet beyderley Geschlecht ohne Unterschied zu gleicher Zeit und an einem Ort, weil man besondere Badkleidung hat, die alles bedeckt. Das Frauenzimmer ist wohl coiffiret und hat die Röcke unten her mit Bley eingefasset, damit die Schwere sie niederhalte.*

Der Autor Julian Marcuse schreibt im Buch „Bäder und Badewesen in Vergangenheit und Gegenwart" (Unikum Verlag, Barsinghausen, Neufassung 2012): *In Baden bei Wien liessen Frauen dem Saume ihres Baderocks, um etwaiges Emporbauschen zu verhüten, Bleistücke einnähen.*

Die entlaufenen Mönche von Baden

Im Jahr 1527, zehn Jahre nach Luthers Thesenanschlag an die Tür der Schlosskirche von Wittenberg, verfasste Ambros Stocker, Prior der Badener Augustiner, einen Beschwerdebrief an die Ordensleitung in Rom. Er kritisierte das Verhalten des Kaisers, der ständig Wertgegenstände zur Münzprägung konfiszieren ließ. Außerdem beklagte er die schlechte Behandlung seiner Mönche durch die Badener Bevölkerung, die deshalb und aufgrund der erdrückenden Steuerlast aus den Klöstern flohen. Die Ordensmänner schlugen sich auf die Seite der Bürgerlichen und revoltierten mit ihnen gegen die Kirche. Und so gab es nach dem berüchtigten „Sacco di Roma", bei dem die italienische Hauptstadt von den Landsknechten Karls V. geplündert wurde, auch einen „Sacco di Baden", bei dem einige Einwohner Badens das Augustinerkloster ausraubten – unter der Beteiligung der entlaufenen Mönche!

1537 verstarb der Prior als letzter verbliebener Gottesmann im Augustinerkloster, das daraufhin leer stand. Als die Stadtgemeinde aus dem Gebäude eine Seniorenunterkunft machen wollte, entsandte der Orden einen Wiener Mönch als neuen Prior. Dieser ersann eine List, um Leben hinter den Mauern vorzutäuschen: Er gewährte flüchtenden ungarischen Geistlichen Unterkunft und bezahlte sie anschließend, damit sie blieben. Das ging eine Zeitlang gut, bis eine Untersuchungskommission dem Prior 1544 auf die Schliche kam. Der Kaiser fand das gar nicht komisch, ließ das Stift ein Jahr später aufheben und übergab es der Stadt Baden als Bürgerspital. Das Phänomen der entlaufenen Mönche wurde von den Geistlichen des später wiederbelebten Augustinerklosters in einem Kodex festgehalten.

Der Einsturz der Luisenbrücke

In der „Badener Zeitung“ vom 18. März 1924 wird von Paul Tausig über den Einsturz der 23 Meter langen Luisenbrücke (heute Löwenbrücke beziehungsweise Franz-Josef-Brücke) am 17. Juni 1815 berichtet: *[…] daß in Baden Vormittag nach 12 Uhr die neue eiserne Brücke, als der Erzherzog Anton mit Trauttmannsdorf, Pepi Palffy, dem Stadtmagistrat und mehreren anderen schon hinübergegangen, die Menschen folgten und bei 400 bis 500 Menschen auf der Brücke waren, sie der Mitte zu sinken anfing und schnell einstürzte. Die Bestürzung war außerordentlich und das Geschrei der Unglücklichen erschütternd. Ueber 100 Menschen wurden mehr oder weniger beschädigt. Der alten Biedermann* (Mutter von Lucretia, die man im Jahr 1907 in ihrer Villa in der Trostgasse 5 ermordet hat) *wurden beide Füße zerschmettert, Strasser und Frau verloren jedes einen Fuß, des englischen Kuriers Craus Frau stürzte auf ein Eisen und stach sich selbes in den Unterleib, der Esterházy, Fuchs und andere litten alle.*

Bären als Zeichen für Mütterlichkeit oder als Sinnbild der Wollust

Im Mittelalter, in dem die Symbolik eine große Rolle spielte, stand der Bär einerseits für Mütterlichkeit und Unschuld, andererseits für Genuss und Wollust.

Auf der von etwa 1260 bis 1811 existierenden Frauenkirche (Josefsplatz 5), neben der im 16. Jahrhundert das alte Frauenbad gebaut wurde, befand sich am Turm unter anderem das Abbild eines Bären. Ein ähnliches Bild prangte bereit im 17. Jahrhundert an der Fassade des Hauses am Hauptplatz 3. Danach nannte der Besitzer sein Haus am Hauptplatz 6 „Zum Goldenen Bären", es folgte die Drogerie in der Wassergasse 20, die bis ins 20. Jahrhundert „Zum Schwarzen Bären" hieß.

Doch Meister Petz war nicht nur ein beliebter Hausname in Baden, sondern stellte hin und wieder auch eine echte Landplage dar. Im Jahr 1696 fielen in der Region nachweislich sechs Menschen den Raubtieren zum Opfer, die sich in jener Zeit auf Nahrungssuche vom Wald in die Ortschaften begaben. Daraufhin wurden auf einer herrschaftlichen Jagd unter Kaiser Leopold I. insgesamt 17 Bären zur Strecke gebracht. Im 19. Jahrhundert galten die pelzigen Tiere in der Gegend als ausgerottet und waren in Baden höchstens noch in Zirkusmanegen oder auf Volksfesten als Tanzbären zu bewundern.

Ein Urzeittier in Baden

Im Steinbruch Rauchstallbrunngraben im Weichseltal bei Baden (nahe dem heutigen Jägerhaus) haben Arbeiter im Jahr 1898 beim Abbruch einer etwa 50 Meter hohen Felswand einen riesigen Stoßzahn aus versteinertem Elfenbein entdeckt. Bei genaueren Untersuchungen wurde ein Knochenschädelstück von einem Mastodon (Art von ausgestorbenen riesigen Rüsseltieren, beispielsweise Mammuts) freigelegt. Der Steinbruchbesitzer Breyer hat den Fund dem Rollettmuseum übergeben.

Stierlauf à la Pamplona

Im Frühling 1907, zu einer Zeit, als trotz stetiger Modernisierung immer noch das traditionelle Viehaustreiben stattfand, raste ein wilder Stier durch die Straßen von Baden. Er gefährdete dabei zahlreiche Passanten, unter denen sich eine kleine Anzahl von Schulkindern befand. Noch bevor die Viehhirten das tobende Tier einfangen konnten, machte es, müde vom Adrenalinrausch, Halt an einem schattigen Platz unter einem Obstbaum. Ernsthaft verletzt wurde bei diesem Spektakel niemand.

Die Mühlen von Baden

Der Mühlbach, der am Ausgang des Helenentals durch eine Wehranlage aus der Schwechat abgeleitet wurde und über eine Länge von 13,2 Kilometern bis heute Baden, Tribuswinkel, Wienersdorf, Traiskirchen, Möllersdorf und Guntramsdorf durchfließt, betrieb einst 13 Mühlen im heutigen Stadtgebiet von Baden an und mündet schließlich bei Laxenburg wieder in die Schwechat.

Eine der bekanntesten Mühlen der Kurstadt ist die Annamühle (Heiligenkreuzergasse 4), die früher Bruckmühle hieß und bereits im 13. Jahrhundert bestanden haben dürfte. Später befand sie sich im Besitz des Ritters Gerwig Auer, von dem sie in seine Stiftung des Badener Bürgerspitals einbezogen und ab diesem Zeitpunkt im Volksmund „Spitalsmühle“ genannt wurde. Nachdem im 18. Jahrhundert dort eine der hl. Anna geweihte Kapelle entstanden war, bürgerte sich der Name „Annamühle“ ein. Von ihr hat auch das Backhaus „Annamühle“ (Heiligenkreuzgergasse 5) seinen Namen, in dem sich der erste Bäcker im Jahr 1575 niedergelassen hat.

Bereits Ende des 12. Jahrhunderts dürfte die Schloss- oder Hofmühle (Leesdorfer Hauptstraße 85) entstanden sein, die zur Herrschaft Leesdorf gehörte und deren Name erstmals 1312 in einem Verkaufsvertrag auftauchte. Diese war sogar bis 1904 in Betrieb.

Die allererste urkundlich genannte Mühle Badens im Jahr 1310 war die Rohrmühle (die heute am Radweg Pfaffstätten/Tribuswinkel läge).

Tatsächlich wurden die meisten Mühlen jedoch bereits in den 1130er-Jahren gegründet, als die Ritter von Rauheneck mit dem Know-how der Mönche von Heiligenkreuz das künstliche Gerinne des Mühlbachs schufen.

Der ausquartierte Kara Mustafa

Am 20. August 1683 besuchte während der Zweiten Wiener Türkenbelagerung der Oberbefehlshaber des Osmanischen Reichs, Großwesir Kara Mustafa, auch die bereits teilweise zerstörte Kurstadt Baden. Im Schlepptau hatte er vier Haremsdamen, die ihn bei seinem Ausflug in den Süden Wiens begleiteten. Die Herrschaften reisten in einer Sänfte aus Eisenblech an, um im Falle einer Attacke gegen die Kugeln gesichert zu sein. Nach einem wohltuenden Bad wollte der Pascha eine Nacht in der Kurstadt verbringen, was sich als schwieriges Unterfangen erwies, da die Stadt zerstört war. So ließ er auf dem Hauptplatz ein riesiges Prunkzelt errichten, in dem er sich mit seinen Damen vergnügte. Über 100 Jahre später wurde ein Neubau des Badener Ursprungsbads nach dem Vorbild dieses Zeltes gestaltet.

Die Synagoge in Baden 1928

Das jüdische Baden

Schon im 17. Jahrhundert kamen auch jüdische Kurgäste in die Stadt Baden, diese durften allerdings anfangs nicht die Badeanstalten der Christen benutzen. In den nächsten Jahrzehnten wurden immer wieder eigene Judenbäder eingerichtet oder andere Bäder für den Besuch aus dem „fernen Osten" geöffnet. Zu Beginn des 18. Jahrhunderts erhielten schließlich mehrere jüdische Familien die Bewilligung, sich in Baden anzusiedeln und dort einem Erwerb nachzugehen – anfangs war es allerdings nur dem Schächter gestattet, zumindest im Sommer, in der Stadt zu wohnen, um die jüdischen Badegäste zu bekochen. In der zweiten Hälfte des 19. Jahrhunderts wurde eine Synagoge (Grabengasse 14) gebaut und ein jüdischer Friedhof (Halsriegelstraße 2) angelegt.

Nach und nach bildete sich in Baden eine jüdische Gemeinde, die sich bis 1900 zur drittgrößten Österreichs sowie zur größten Niederösterreichs entwickelte (1934 lebten 1.108 Juden in Baden). Ab 1849 existierte auch eine Privatsynagoge (Wassergasse 14, heute Billa-Filiale), in der jüdischen Sommergästen Übernachtungsmöglichkeiten zur Verfügung standen. In der Vöslauer Straße 31 entstand ein jüdisches Bad. Außerdem gab es einige koschere Hotels und Restaurants sowie Gemischtwarenläden und andere Geschäfte, beispielsweise die Fleischbank der Familie Schabes (Erzherzog-Rainer-Ring 2).

Bis September 1938 war öffentlicher Antisemitismus kein Thema in Baden, bei den Gästen fand allerdings in Unterkünften, Restaurants und Badeanstalten meist eine strenge Trennung statt. Als der Nationalsozialismus 1945 zu Ende ging, war von der einst größten jüdischen Gemeinde Niederösterreichs, außer dem jüdischen Friedhof und einer zweckentfremdeten Tempelanlage in der Grabengasse (heute wieder als Synagoge genutzt), kaum etwas übrig geblieben.

Das Restaurant Tonello in der Antonsgasse 13–15,
zu Beginn des 20. Jahrhunderts Schauplatz des Scholetenkriegs

Die Laubhütten zum Sterneschauen

Die Juden wohnten vorwiegend in den Villen in der Weilburg- und Helenenstraße. Jedes Jahr im Herbst bauten sie zum Laubhüttenfest (eine Art Ernte-Dank-Fest) auf den Balkonen kleine Bauten aus Laub ohne Dach, damit sie aus dem Inneren in die Sterne schauen konnten. Während des besagten Festes saßen die Bewohner den ganzen Tag in diesen oben offenen Hütten und gingen nur zum Schlafen in die Häuser. Wenn es tagsüber regnete, zogen sie einfach eine Plane auf. Bei Passanten und Kurgästen hinterließen die Laubbauten einen seltsamen Eindruck, konnten sie sich doch nicht erklären, warum die Juden Stunde um Stunde und Tag um Tag in diesem Blätterwerk hockten.

Der Scholetkrieg

Der Scholetkrieg (Scholet = Bohnengericht für Schabbat), in dem es keine Schlacht gab, nur einen verbalen Schlagabtausch, keine Kugeln, höchsten Fleischbällchen, keine Opfer, nur Beteiligte, ereignete sich in den ersten Jahren des 20. Jahrhunderts in Baden.

Zu den Lieblingslokalen der jüdischen Kurgäste gehörte das Restaurant „Zum Fuchsen" der Familie Rausnitz (Annagasse 18), ein nettes Biedermeierlokal mit gemütlichem Gastgarten, in dem ausgezeichnet koscher gekocht wurde. Schräg gegenüber befand sich das Lokal „Schey" (Annagasse 23), das ebenfalls zu kulinarischer Hochform in Sachen koscherer Kochkunst auflief. Verständlicherweise entwickelte sich mit der Zeit ein gewisser Konkurrenzneid zwischen den Familienoberhäuptern, zuletzt begrüßte man sich nicht einmal mehr. Die Situation spitzte sich weiter zu, als das bekannteste jüdische Restaurant Wiens, „Tonello“, in der Nähe (Antonsgasse 13–15) eine Filiale eröffnete und sein neues Sommerimperium mit eiserner Disziplin leitete. Und so kam es zum Scholetkrieg zwischen den Inhabern der drei Speisehäuser. Bald schwirrten allerlei skurrile Gerüchte durch die warme Badener Sommerluft, in die Welt gesetzt von den Restaurantbetreibern, betreffend den feindlichen Wirt, weitergetratscht von den amüsierten Gästen, die den Konkurrenzkampf auch weidlich ausnutzten. Etwa wurde einmal bei Rausnitz ein Gast, der die übelsten Tischmanieren an den Tag legte, ermahnt: „Ich möchte Sie nicht entfernen, aber Tonello würde es tun!“ Worauf der rülpsende und schmatzende Esser antwortete: „Dort war ich schon und man hat mir gesagt, so könne ich beim Rausnitz essen!“ Oder einmal hat ein Besucher bei „Tonello“ gemurrt, als er um halb zwölf Mittags noch nichts zu essen bekam: „Noch kein Betrieb bei euch? Beim Schey krepetzen sie schon!“

Als eines Tages ein wichtiger jüdischer Kongress in Basel bevorstand, dessen Vorbesprechung in einem Lokal in Baden stattfinden sollte, war der Höhepunkt des Scholetkriegs erreicht. Es sollte eine überdurchschnittlich große Anzahl von Persönlichkeiten, Juden aus aller Welt, verköstigt werden, und jeder der drei Gastronomen wollte diese Ehre und den Umsatz für sich beanspruchen. Letztlich wurde der Kampf der Köche friedlich beigelegt – die große Gesellschaft speiste im Badener Kursalon, koscher verköstigt mit unter anderem Farferlsuppe, Kreplachs und Fächertorte von allen drei Restaurants. Das brachte den endgültigen Frieden im Scholetkrieg.

„Der letzte Akt" im Strandbad

„Der letzte Akt" ist ein Kriegsfilm aus dem Jahr 1955, in dem die letzten Tage des Zweiten Weltkriegs, hauptsächlich die Situation im Führerbunker in Berlin, nacherzählt werden. Als Vorlage des Schwarzweiß-Films diente das Buch „In zehn Tagen kommt der Tod" des US-amerikanischen Juristen und Marineoffiziers Michael A. Musmanno. Im Winter 1955 fanden die Dreharbeiten der „Cosmopol-Film" unter der Regie Georg Wilhelm Pabsts und mit den Schauspielern Lotte Tobisch als Eva Braun, Albin Skoda als Adolf Hitler und Oskar Werner als Hauptmann Wüst unter anderem auch in Baden statt, und zwar im Strandbad.

Die Kurstadt als Fernseh- und Filmkulisse

In Baden wurden außerdem unter anderem einige Folgen der Serie „Kommissar Rex", der Kinofilm „Echte Wiener 2" (2009), in dem die Familie Sackbauer mit Oberhaupt „Mundl" (gespielt von Karl Merkatz) eine Villa im „Cottageviertel" von Baden erbt, oder die TV-Komödie „Meine Oma ist die Beste" (2010) mit Christiane Hörbiger und Peter Weck gedreht.

Unfreiwillige „Aktstudien" im Strandbad

Das Strandbad wurde 1926 an der Villa „Reginensruhe" der Grafen von Aichelburg (heute das Gebäude mit der Adresse Helenenstraße 19) erbaut, für das die Stadt 50 Waggons voll mit Sand aus Melk (ursprünglich sollten es 200 Waggons Meeressand von Adriastränden sein, doch es musste eben auch schon damals gespart werden) nach Baden schaffen ließ. Die Badeordnung war für die damalige Zeit eine echte Sensation: Frauen trugen kurzgeschnittene Badeanzüge und die Männer durften „oben ohne" gehen! Wütende Reaktionen aus der Bevölkerung waren die Folge: „Können unsere Töchter überhaupt dieses Bad besuchen, wenn sie dabei gezwungen sind, unfreiwillige Aktstudien an Männern vorzunehmen?"

Vor der Eröffnung dieser Anlage haben sich die Badener im Sommer beispielsweise „Am Gänsehäufel" (in der Mühlgasse am Mühlbach), im Doblhoff-Teich oder im Kommunalbad am Wiener Neustädter Kanal im kalten Nass getummelt.

Hitler unter Hofer

Nach dem Ende des Zweiten Weltkriegs wurden auch in den Badener Privathaushalten alle Hitlerbilder von der Wand genommen und entsorgt. Doch manch einer wollte keine helle Stelle auf der Tapete haben oder diese mit einer Neuanschaffung verdecken und ließ daher kurzerhand die Leinwand neu bemalen. So hängt heute beispielsweise im Rollettmuseum ein Bild von Andreas Hofer (aus Privatbesitz), unter dem sich ein Porträt des Führers befindet. Dieses stammt aus dem Besitz eines Ehepaars aus der Haidhofsiedlung, das in Panik geriet, als 1945 die Russen einmarschierten. Er wollte es verbrennen, sie hatte Angst, dass man Überreste in der Asche finden würde und schlug vor: „Du kannst doch eh so gut malen, pinsel schnell den Andreas Hofer drüber!“ Gesagt, getan.

An den Tiroler Nationalhelden erinnert in Baden außerdem die Andreas-Hofer-Zeile.

Namensschacher

Vor dem Zweiten Weltkrieg hat die ehemalige Pfarrgasse eine Zeit lang Dollfußgasse geheißen, erhielt nach der Tötung des Politikers im Jahr 1934 den Namen seines Mörders Planetta und wurde 1945 wieder in Pfarrgasse rückbenannt. Der einstige Hauptplatz hieß 1917 Kaiser-Karl-Platz, ab 1938 Adolf-Hitler-Platz und nach dem Ende des Zweiten Weltkriegs wieder Hauptplatz. Dieser hätte während der Besatzungszeit in Baden unter den Sowjets, als sich von 1945 bis 1955 deren Oberkommando in der Stadt befand, eigentlich in Stalin-Platz umbenannt werden sollen, doch darauf wurde aufgrund der Vorgeschichte verzichtet. Natürlich musste der Name des Diktators trotzdem irgendwo in der Stadt untergebracht werden, und so hieß der heutige Kaiser-Franz-Ring bis 1955 Stalin-Ring.

Graffiti an der Stadtmauer

Bei der Entfernung einer Plakatwand wurde im Jahr 2014 an der Kreuzung Grabengasse/Am Fischertor ein Stück historische Stadtmauer entdeckt. Eine genauere Untersuchung ergab, dass es sich um die Überreste des Südostturmes der ehemaligen Befestigung handelte. Daran fand sich im Zuge der Restaurierung eine frühe Form der „Graffiti“: mit Rötelstiften angefertigte Zeichnungen, die unter anderem Tiere zeigen. Nach der Wiedererrichtung wurde an dem Mauerteil eine entsprechende Info-Tafel mit Daten und Fakten angebracht, um auf dieses Stück Badener Geschichte aufmerksam zu machen.

Die Grabengasse hat ihren Namen übrigens vom Stadtgraben, der sich dort vor der Stadtmauer befand, um Angreifer daran zu hindern, unmittelbar an das Stadttor zu gelangen. Nachgewiesen wurde ein solcher, verstärkt durch eine Palisade, auch „in der Höll“ (heute Beethovengasse).

Baden in Zahlen im Jahr 1839

Beispielsweise in dem Buch „Die Donau, vom Ursprunge bis zu den Mündungen: Zugleich ein Handbuch für Reisende, welche diesen Strom befahren“ (Verlag G. Joseph Manz) von Adalbert Müller aus dem Jahr 1839 wird Baden unter anderem folgendermaßen aufgeschlüsselt:

Rund **3.600 Einwohner** (um 1439: rund 1.100, um 1639: rund 2.900)
Etwa **470 Häuser** (um 1439: ca. 100, um 1639: ca. 190)
5–6.000 Badegäste, welchen
800 Mietwohnungen zur Verfügung stehen
10–12.000 Touristen an Sonn- und Feiertagen
17 Voll- oder Gesellschaftsbäder, in welchen beide Geschlechter (wie sich versteht unter strengster Beobachtung des Dekorums) baden,
mit **24 bis 29 Grad Reaumur** (30 bis 36 Grad C) und
4 bis 10 Uhr Badezeit (morgens)
1.200 Sitzplätze im Theater
1 ½ Stunden Fußmarsch von Baden zur Krainerhütte

Das Badener Schwefelwasser mit der Hauptquelle am Fuße des Kalvarienbergs enthält (nach Volta in einem Pfund):
1 Gran schwefels. Natron
2 3/7 Gran salzs. Natron
2 1/7 Gran schwefels. Kalkerde
3 3/7 Gran schwefels. Bittererde
1 6/7 Gran kohlens. Bittererde
3/7 Gran salzs. Thonerde
7 2/7 Gran kohlens. Gas
3 3/7 Kubikzoll geschwefeltes Wasserstoffgas

Pro Stunde sprudeln 675 Kubikschuh oder 560 niederösterreichische Eimer Schwefelwasser aus der 19 Fuß (rund 5,8 Meter) tiefen Quelle.

Die Badener Trabrennbahn, die im Jahr 1893 eröffnet wurde

Die Vorgänger von David Copperfield

Aber auch Illusionisten gaben sich im 19. Jahrhundert in Baden die Ehre, so beispielsweise ein Herr Fredmar, der laut „Badener Bezirksblatt“ vom 11. Juli 1891 *ohne Apparate* verschiedenartigste Objekte verschwinden und wieder erscheinen ließ. *Stürmischer Beifall lohnte den Künstler ersten Ranges und seine ans Unglaubliche streifende Geschicklichkeit.*

Traben in Baden

Über die Eröffnung der Trabrennbahn am Stadtrand von Baden stand Folgendes in der „Wiener Zeitung“ (Ausgabe vom 17. Juli 1893) zu lesen: *In Baden bei Wien wurde eine Trabrennbahn errichtet und gestern eröffnet. Ein zahlreiches Publicum, Wiener und Badner, wohnte dem Sportfeste bei, das für Baden eine neue Quelle des Vergnügens und Fremdenzuflusses werden dürfte. Natürlich fand zum Schlusse des Rennens ein Fiakerfahren statt. Baden besitzt Fiaker, die so gut fahren und so viel verlangen wie die Wiener.* Im selben Jahr fanden vier Rennen in Baden statt (20 in Wien), im Folgejahr bereits zehn (23 in Wien). Bei den Veranstaltungen war häufig die High Society von Baden anwesend, darunter auch die Habsburger in der Sommerfrische. Die Preise für die Sieger des Wettbewerbs beliefen sich zu dieser Zeit auf rund 1.500 Kronen (umgerechnet und in Relation gesetzt etwa 15.000 Euro).

Damen-Ringkampf polizeilich verboten

Die Zeitschrift „Kikeriki" vermeldete am 4. September 1879, den Manege-Enthusiasten, die sich den Sommer über in Baden aufhielten, würde ein pikanter Genuss entgehen, weil er polizeilich verboten worden war. Die Plakate des „Orientalischen Zirkus" verkündeten nämlich, dass den Glanzpunkt der Vorstellung ein großer Damen-Ringkampf (ausgeführt von vier Badenerinnen) darstellte. *Also öffentlich sich herumbalgende und im Sand sich wälzende Weiber.* Die vernünftige Badener Polizei ließ es auf den Skandal nicht ankommen und untersagte diese Darbietung, auf die sich die männlichen Einwohner der Kurstadt sicher bereits gefreut hatten.

Zwerg-Zirkus und Affentheater

Die weltberühmten Liliputaner traten in Baden ab 20. Juni 1893 einige Tage lang als Tänzer, Komiker und Affendresseure in ihrer Miniatur-Manege auf – bei jeder Witterung, in der Braitner Straße unter dem Eisenbahnviadukt. Der Eintritt zur Vorstellung kostete für Erwachsene 15 Kronen (umgerechnet und in Relation gesetzt etwa 150 Euro).

Der Jungendbrunnen

Westlich der Burg Rauhenstein und nahe dem beliebten Kletterfels „Jammerwandl“ steht der legendäre Jungendbrunnen. Angeblich wurde dort am „31. July 1624 im 6. Jahr des 30-jährigen Religionskrieges“ (wie es in einer 1839 dort angebrachten Inschrift hieß) der Schwedenoberst von Jungend bei einem Gefecht durch eine Schlangenschlundkugel (altertümliche Geschützform) tödlich verwundet. Andere Erklärungen lauten, es würde sich bei der Quelle, die sich in einem regelrecht magisch wirkenden Fleckchen des Waldes befindet, um den sagenumwobenen Jungbrunnen handeln. Am besten sollte man es ausprobieren und von dem Wasser, das leider nur noch spärlich tröpfelt, trinken – „hüft's nix, schod's nix“!

Geist Bockerlfraß

Wer beim Jungendbrunnen dem majestätischen Rauschen der hohen Bäume lauscht, hört vielleicht auch den Geist Bockerlfraß klagen. Der Volksmund erzählt von einem Riesen, der um die Hand einer zarten Maid anhielt. Doch die junge Frau wollte den hässlichen Giganten nicht zum Manne und überlegte sich folgende List: Sie trug einen Haufen Bockerl (= Föhrenzapfen) zusammen und sagte: „Wenn du dir einen Tag lang kein einziges Stück stehlen lässt, werde ich dich heiraten.“ Der Geist bewachte den Haufen mit strengem Blick und verscheuchte alle Menschen, die ihm nahe kamen. Allerdings übersah er ein kleines, vorwitziges Eichhörnchen, das ihm eines der Bockerln stibitzte. Seither streift der Riese einsam durch den Wald und trauert um seine verlorene Liebe.

Die Bienenburg am Seerosenteich
im oberen Bereich des Kurparks

Die polarisierende Bienenburg am Seerosenteich

Ebenfalls im oberen Teil des Kurparks liegt der Seerosenteich, ein am Beginn des 20. Jahrhunderts künstlich angelegtes Gewässer mit einer Fläche von 600 Quadratmetern. *Eine Überraschung, eine landschaftliche Idylle, ja eine Art Märchenzauber, die jeden Beschauer entzückt,* wie die „Badener Zeitung“ in ihrer Ausgabe am 3. August 1907 schrieb. Kurz nach der Entstehung des neuen „Bergweihers“ setzten die Bienenzüchter Badens an dessen Ufer eine Bienenburg, bei der es sich um ein Miniaturschloss aus Zement als Bienenstock handelt. Doch was den einen Teil des Volkes freute, empörte den anderen: „Ein Kunstwerk, eine Zierde, wie es majestätisch thront und sich mit seinen Toren, Fenstern, Zinnen und der Zugbrücke im klaren Wasser des Teiches spiegelt!“ „Eine Verschandelung der Natur und blödsinnige Spielerei, dieser hässliche Betonklotz!“ Letztlich blieb sie stehen, die Bienenburg am Seerosenteich – und dort steht sie noch heute.

Der Morwind im Helenental

Das Schwein galt ja von jeher als Glückssymbol und Talisman, da man mit diesem Tier für Stärke und Fruchtbarkeit auch Wohlstand und Reichtum in Verbindung bringt. Schon bei den germanischen Völkern wurde der Eber als heiliges Tier verehrt. Bei den Römern neigte man das Haupt vor jenen Personen, die viele Schweine besaßen – sie mussten demnach reich sein, wenn sie eine große Menge an hungrigen rosa Mäulern stopfen konnten. Und was haben die quiekenden Paarhufer mit Baden zu tun – abgesehen von ihrer Verarbeitung zum Zwecke des Verzehrs? Eigentlich nicht viel, außer dass früher einmal die steife Brise, die durch das Helenental pfiff, Morwind genannt wurde – und „Mor“ ist ein Synonym für das Wort „Schwein“.

Eine Vorrichtung unterhalb der Weilburg
fing die auf der Schwechat transportieren Baumstämme
aus dem Wienerwald ab

Ein riesiger Holzrechen

Ab dem Jahr 1670 hat man auf den Fluten der Schwechat eine Holzschwemme durchgeführt – die Wellen des Flusses transportierten die Baumstämme aus dem Schöpfl-Gebiet im Wienerwald bis nach Baden. Am Urtelstein existierte aus diesem Grund bis 1805 ein Staudamm, hier wurde das Holz wieder aufgestaut und nach Laxenburg weitergeschwemmt – im Fels sind bis heute die Bearbeitungsspuren zu sehen, die bei seiner Errichtung entstanden. Danach befand sich unterhalb der Weilburg ein überdimensionaler Rechen (an der Stelle der heutigen Antonsbrücke), mit dem man pro Jahr 10.000 Klafter (rund 18.300 Meter) Holz abfing. Dieses wurde aus dem Wasser gefischt und entweder an Ort und Stelle verkauft oder bis nach Wien weitertransportiert.

Muschelfunde in Baden

Der Wienerwald-Retter

Dass in weiterer Folge immer größere Flächen des Wienerwalds an Holzspekulanten verkauft und abgeholzt wurden, hat in den Jahren von 1870 bis 1872 der Heimat- und Naturschützer Josef Schöffel mithilfe einer journalistischen Kampagne verhindert. Anlass war das Ansinnen des Wiener Holzhändlers Moritz Hirschl gewesen, der ein Viertel der Waldfläche erwerben und abholzen wollte. Schöffel stand im Zuge seines Kampfes gegen den unterpreisigen Verkauf von öffentlichem Eigentum und gierige Geschäftsleute häufig vor Gericht und sollte sogar mit Schweigegeld bestochen werden. Es hieß außerdem, dass ein Jäger, der Schöffel „irrtümlich" für einen Rehbock halten und erschießen würde, keine juristischen Konsequenzen zu befürchten hätte.

Letztlich überlebte der Naturschützer seine Kampagne, gewann dank hieb- und stichfester Rechercheergebnisse und Beweise den Kampf gegen Spekulanten und Politiker und rettete damit den Wienerwald.

Quellen

Stand aller Internetquellen: 31. 12. 2015

Allgemein:

http://anno.onb.ac.at/

http://www.baden.at/cms/upload/pdf/stadtarchiv/katalogblaetter

http://www.burgen-austria.at

http://www.sagen.at

http://www.tourismus.baden.at/sehenswertes/

http://www.wikipedia.at

„Badener Zuckerln" – Flugblattserie des Badener Rollettmuseums unter der Leitung von Dr. Rudolf Maurer

Archiv Bezirksblätter Baden

Zu den Kapiteln:

Bartsch, Eder und Robert: „Von Gestern und Ehegestern. Gesammelte Aufsätze aus Mödlings Vergangenheit und Gegenwart", Verlag Mödlinger Nachrichten, Mödling 1877

Curcomission: „Der Curort Baden bei Wien", Franz Deuticke Verlag, Wien 1900

Ehalt, H. Christian, Hein, Jürgen und Yates, W. Edgar (Hg.): „Hinter den Kulissen von Vor- und Nachmärz. Soziale Umbrüche und Theaterkultur bei Nestroy", Facultas Verlags- und Buchhandels AG, Wien 2001

Hajós, Géza: „Historische Gärten in Österreich: vergessene Gesamtkunstwerke", Böhlau Verlag, Wien 1993

Hnatek, Hildegard und Reiter, Franz: „So war's einmal in Baden bei Wien", Sutton Verlag, Erfurt, 2007

Hasmann, Gabriele und Hepp, Ursula: „Spuk in Österreich. Unheimliche Orte und mysteriöse Begegnungen", Ueberreuter Verlag, Wien 2012

Hasmann, Gabriele: „Unheimliches Österreich. Mysteriöse Orte und Begegnungen", Ueberreuter Verlag, Wien 2013

Hasmann, Gabriele, „Die spukenden Habsburger. Blaublütigen Geistern auf der Spur", Ueberreuter Verlag, Wien 2015

Hess, Olga: „Wiener Küche", Verlag A&M, Salzburg 2004 (44. Auflage)

Hinterschweiger, Hubert: „Wien im Mittelalter: Alltag und Mythen, Konflikte und Katastrophen“, Pichler Verlag, Wien 2010

Jaeger, Jaques: „Wiener Almanach“, Verlag Perles, Wien 1915
Jansen, Gunnar: „Chronik der Kurstadt Baden bei Wien nach der Zeitung 1907–1908: 12 Monate im Leben einer Stadt“, Haff Verlag, Grambin 2011

Maurer, Rudolf: „Baden, schröpfen, amputieren: Die Geschichte der Bader in Baden bei Wien“, Verlagshaus der Ärzte, Wien 2004

Müller, Adalbert: „Die Donau, vom Ursprunge bis zu den Mündungen: Zugleich ein Handbuch für Reisende, welche diesen Strom befahren“, Verlag G. Joseph Manz, Regensburg 1839

Povse, Henriette: „Das Kochbuch der Familie Schratt. Kulinarische Geschichten aus Baden“, Sutton Verlag, Erfurt 2012

Schurig, Arthur: „Konstanze Mozart: Briefe, Aufzeichnungen, Dokumente“, Europäischer Literaturverlag, Bremen, 2013

Slezak, Leo: „Meine sämtlichen Werke. Der Wortbruch“, Rowohlt Verlag, Berlin 1937

Urbanitsch, Peter: „Kleinstadt-Bürgertum in der Habsburgermonarchie 1862–1914“, Böhlau Verlag, Wien 1898

Zweig, Stefan: „Die Welt von Gestern“, Fischer Verlag, Frankfurt am Main 1970 (41. Auflage)

http://www.1133.at/document/view/id/475

http://www.alk-info.com/index.php/portraets-hm/74-harald-juhnke

http://austria-forum.org

http://baden.apo.or.at/inhalt/geschichte.pdf

http://www.badenerzeitung.at/2015/02/die-riesen-vom-josefsplatz.html

http://www.biographien.ac.at/oebl/oebl_S/Schratt_Johann-Chrysostomus_1773_1851.xml

http://burgenkunde.at/niederoesterreich/ruine_scharfeneck/ruine_scharfeneck.htm

http://www.familienkunde.at/Lexikon_Waehrung_Geld

http://www.ff-baden-leesdorf.at/ffroot/info/chronikleesdorf/chronikleesdorf.htm

http://www.forgottenbooks.com/readbook_text/Der_Curort_Baden_bei_Wien_in_Wort_und_Bild_1100066850/37

http://www.gutenstein.at/kultur/geschichte/ferdinand-raimund

http://www.jewishhistorybaden.com/files/schopf.pdf

http://www.juedischegemeinde.at/scholetkrieg.htm

http://kaiser-franz-josef-museum-baden.at/leitbild.html

http://kirchenchor.baden-st-stephan.at/index.php?theme=geschichte&site=briefe

http://kirchenchor.baden-st-stephan.at/index.php?theme=geschichte&site=antonstoll#XII

http://kirchenchor.baden-st-stephan.at/index.php?theme=aveverum&site=aveverum

http://www.landesmuseum.net/de/ausstellungen/rueckblick/2014/frauenleben-in-niederoesterreich/frauenleben-in-niederoesterreich/frauenportraits.pdf

http://www.lochstein.de/hoehlen/A/no/baden/baden.htm

http://mapire.eu/oesterreichischer-staedteatlas/baden/#OV_5_3

http://www.meinbezirk.at/baden/chronik/aus-adolf-hitler-wurde-andreas-hofer-d1255122.html

http://www.meinbezirk.at/baden/chronik/kaffeekultur-mit-tradition-in-baden-d370823.html

http://www.meinbezirk.at/baden/magazin/wandern-am-richt-berg-d151154.html

https://www.mercedes-benz.com/de/mercedes-benz/classic/historie/emil-jellinek/

http://www.noen.at/nachrichten/lokales/aktuell/baden/Graffitis-schon-an-alter-Stadtmauer;art2427,584923

http://www.noen.at/nachrichten/lokales/aktuell/baden/Weilburg-Ausstellung-eroeffnet-Badens-Schoenbrunn;art2427,627583

http://p2.iemar.tuwien.ac.at/p2_09_baden/downloads/ifoer/ifoer1_ifoer.pdf

http://papiergeschichte.freyerweb.at/tafel1.html

http://www.sacher.com/ein-echtes-stueck-wien/

http://www.streiterhof.at/wir_ueber_uns.htm

http://www.verein1877.at/geschichte.htm

http://www.vestenrohr-karlstisch.at

https://www.wien.gv.at/wiki/index.php/Moritz_Gottlieb_Saphir

http://www.zeit.de/1973/44/die-kraft-kam-vom-herrgott

http://www.zobodat.at/biografien/Cernajsek_
Tillfried_ex_Zapfe.pdf

http://www.zobodat.at/stable/pdf/
BerichteGeolBundesanstalt_51_0021-0036.pdf

Danksagungen

Prof. Gerhard Kunze – für zahlreiche Hinweise und Tipps

Helga Mausser – für interessante Einblicke in die Stadtgeschichte

Prof. Dr. Rudolf Maurer – für sein umfangreiches Wissen und die Kontrolle

StR Hans Hornyik – für historisch relevanten Feinschliff